Julius Werner

Manni sucht das Weite

Mit Down-Syndrom durch Down Under

2. Auflage, 2022 © Julius Werner
Kontakt: Julius Werner, E-Mail: julius-justus.werner@gmx.de
youtube.com/übergrenzensehen
Instagram: julius_werner
ISBN 978-3-00-070833-6

Lektorat: Olaf Krohn, www.olaf-krohn.de
Gestaltung: Wiebke Christophersen, www.cegra-design.de
Druck: hansadruck, www.hansadruck.de

Fotos: Archiv Julius Werner, Hendrik Katzmann (S. 74),
Steve Collis (S. 138)
Illustrationen: Wiebke Christophersen (Wombat),
anitapol (S. 14, S. 28, S. 50, S. 68, S. 102, S. 122, S. 136, S. 148),
New Africa (S. 36), Yuliia (S. 84, S. 164), Behzadillustration (S. 94)

Bibliografische Informationen der Deutschen Nationalbibliothek:

Die Deutsche Nationalbibliothek verzeichnet diese Publikation in der Deutschen Nationalbibliografie; detaillierte Daten sind im Internet über http://dnb-nb.de abrufbar.

Dokumentation: Manuel Down Under/ Vincent Productions GmbH

INHALTSVERZEICHNIS

Nichts, was dieses Buch über die Reise erzählt, werde ich hier vorwegnehmen. Aber ich weiß, dass die nächsten Seiten alle inspirieren werden, die sie lesen.

Sandra Maischberger

Als ich das erste Mal nach Australien reiste, war ich 27 Jahre alt. Frisch vermählt erfüllten Jan und ich uns einen Jugendtraum, den wir schon teilten, bevor wir uns überhaupt kennengelernt hatten: einmal mit dem Rucksack um die Welt, ohne Ziel und Mission, ohne Uhr und Limit. Australien stand auf unserer Liste ganz oben – der rote Kontinent war für uns die große Unbekannte, ein Sehnsuchtsziel voller Geheimnisse. Wir suchten einen Untermieter für unser Hamburger Zuhause, kündigten unsere Arbeitsverträge und zogen los. Es wurden insgesamt acht Monate – fast zwei davon verbrachten wir im roten Herzen Australiens. Dieser Reiseabschnitt war Abenteuer pur: Drei Wochen alleine durch die Wüste, in der man, wie ich sehr schnell lernte, den giftigsten Tieren der Welt begegnen konnte. Wir sahen Meeresbuchten, die nur von weitem einladend aussahen, weil es dort von Haien nur so wimmelte. Und eine Unterwasserwelt, die nicht weniger gefährliche Lebewesen beherbergte, als das Land. Kurz: Backpacking in Australien war, so schien es mir, nichts für Feiglinge.

Sehr viele Jahre später schlug unser Team mir vor, eine Dokumentation über eine Reise nach Australien zu produzieren: ein Roadmovie über zwei junge Männer, die zwei Monate lang mit dem Rucksack „Down Under" unterwegs sein wollten. Die beiden erfüllten sich den gleichen Traum, wie Jan, ich und abertausende junge Menschen weltweit. Und doch war dieses Vorhaben etwas Besonderes: Manuel und Julius wollten herausfinden, ob die Welt auch jenen grenzenlos offen steht, die Barrieren überwinden müssen, die die meisten von uns gar nicht wahrnehmen.

Julius Werner hatte Manuel Zube, so erfuhr ich, während seiner Ausbildung zum Erzieher kennengelernt. Als Julius nach Abschluss der Ausbildung für vier Monate nach Asien reiste, wollte Manuel unbedingt mit. Daraus entstand die Idee einer gemeinsamen Rucksacktour durch Australien. Julius hatte zum crowdfunding eine Facebook-Seite erstellt, auf die Regisseur Carsten Stormer aufmerksam geworden war. Carsten war von dem Projekt begeistert und wandte sich mit einem Exposé an unsere Produktionsfirma vincent productions.

Wir haben sofort zugesagt und mit ZDF/arte einen Sender gefunden, der die Geschichte ebenso spannend fand, wie wir. So zogen Manuel und Julius im April 2018 los, begleitet von Carsten Stormer und einem zweiköpfigen Kamerateam. Keiner wusste beim Abschied in Norddeutschland, ob dieses Abenteuer ein gutes Ende nehmen würde.

Nichts, was dieses Buch über die Reise erzählt, werde ich hier vorwegnehmen. Aber ich weiß, dass die nächsten Seiten alle inspirieren werden, die sie lesen. So wie unsere fünfteilige TV-Doku viele Zuschauerinnen und Zuschauer inspiriert hat – vorneweg mich, als eine der ersten, die die fertig geschnittenen Filme sehen durfte.

Julius, Manuel und Carsten ist es gelungen, auch für mich den Kontinent auf eine neue Weise erfahrbar zu machen. Ich habe nicht nur Australien mit anderen Augen gesehen, unvermutet Schwieriges und Schönes miterlebt und neue Seiten meines alten Reiseziels kennengelernt. Sehr oft musste ich lachen und ziemlich oft war ich berührt. Ganz nebenbei habe ich aber vor allem viel über Manuels Welt erfahren. Über seine Art, die Dinge zu sehen. Und das hat meine Art, Menschen mit Down Syndrom zu sehen, nachhaltig verändert.

Dafür bin ich Julius und Manuel dankbar. Ich bewundere ihren Mut, sich mit ihren Reiseplänen über alle Bedenken hinweg gesetzt und auf der anderen Seite unserer Erdkugel ihren eigenen Weg gefunden zu haben. Ihre selbstverständliche Abenteuerlust steckt an, macht neugierig und fordert heraus. Hut ab vor Manuel, der sich so weit aus seiner Komfortzone wagte. Hut ab vor Julius, der so viel Energie für diese Herausforderung aufbrachte und danach auch noch genügend übrig hatte, um dieses Erlebnis zwischen zwei Buchdeckeln zu verewigen. Das bleibt.

Kapitel 1

„Die Sonnenbrille habe ich nicht mit Absicht geklaut“

I came from the dream-time
From the dusty red-soil plains
I am the ancient heart
The keeper of the flame
I stood upon the rocky shores
I watched the tall ships come
For forty thousand years I've been
The first Australian.

I am Australian, The Seekers

Julius, wir sind keine Freunde mehr!" Diesen Satz schleudert mir Manuel stinksauer ins Gesicht und rauscht aufgeregt aus dem Schnellimbiss, um draußen auf dem Parkplatz seiner Wut Luft zu machen.

„Ich bin alt genug und kann selbst bestimmen! Wir sind im Urlaub und es ist meine Sache!"

Stimmt schon, irgendwie. Trotzdem, in den letzten vier Wochen hat er sichtlich zugenommen. Es wäre mir bei unserem dauernden Zusammensein gar nicht aufgefallen, aber der Vergleich mit den Fotos kurz nach unserem Aufbruch gibt mir Recht...

Die australische Küche ist nicht erfunden worden, um gesund und schlank zu bleiben – deftig, reichhaltig, aber kontraproduktiv, wenn man sein Gewicht halten will. Ich muss handeln, denn ich kann Manni nicht zehn Kilo schwerer seinen Eltern übergeben, wenn wir zurückkommen.

Also Schluss mit fetten Pommes und Cola! Dass ich mit meiner Aussage eine rote Linie überschreite, macht Manni mir klar. Bei Pommes hört die Freundschaft auf! Der Mann ist richtig sauer. Ich will ihm nicht nur seine geliebten Fritten wegnehmen. Was vielleicht noch viel schwerer wiegt: Ich bevormunde ihn, einen 25-jährigen, mitten im Abenteuer seines Lebens.

Der Zeitpunkt für die neuen Diätvorschriften ist allerdings ungünstig. Seit einem Monat reisen wir nun durch Australien und haben gerade eine 25-stündige Zugfahrt quer durch das Outback in den Knochen. Es ist Halbzeit und unser beider Nervenkostüm wird täglich dünner. Einen langen Monat wollen wir es noch zusammen aushalten. Vor vier Wochen sind wir in Down Under gelandet, aber es fühlt sich an, als wären wir schon dreimal so lange hier.

Aber der Reihe nach: 31. März 2018, ich stehe barfuß auf dem großen Stierfell in meinem Wohnzimmer und mustere meinen Rucksack, den ich schon durch drei Kontinente getragen habe. Jetzt wird der vierte folgen. Und wie vor jeder großen Reise meldet sich abends vor dem Abflug mein Bauch, Nervosität strahlt von der Mitte meines Körpers aus, bis sie komplett von mir Besitz ergriffen hat.

Diesmal ist es so schlimm wie noch nie. Vor meinem geistigen Auge gehe ich alle Eventualitäten des Scheiterns durch. Das Gedankenkarussell dreht sich so lange, bis mir tatsächlich schlecht wird. Was ist, wenn Manuel sich nicht ins Flugzeug traut? Wenn es doch Probleme mit den Visa gibt oder er schlichtweg Heimweh bekommt? Es wäre kein Scheitern im Kleinen für sich. Alle Freunde, unsere Familien, Menschen, die an unsere Idee glauben, die uns Geld gespendet haben, würden enttäuscht werden. Ich liege stundenlang wach und spiele in wüsten Gedanken durch, was sonst noch alles schiefgehen kann. Bis mir die Augen doch irgendwann zufallen.

1. April: Noch vor dem Frühstück schickt mir Manuel eine Sprachnachricht und beginnt den Tag mit einem unglaublich schlechten Aprilscherz. Er habe es sich anders überlegt, ich solle doch lieber allein nach Australien fliegen. Meine ohnehin schon überspannten Nerven müssten jetzt eigentlich reißen, doch kann Manuel sich das Kichern zum Ende seiner Nachricht nicht verkneifen. Ich begreife: Im Gegensatz zu mir ist er bester Stimmung und das Abenteuer kann beginnen.

Ich ziehe die Stiefel an, schultere den Rucksack und schließe meine Wohnungstür für die nächsten zwei Monate ab. Am Bahnhof sind schon alle versammelt. Freunde und Familie stehen zum Abschied bereit, einige haben handgemalte Schilder dabei.

Manni genießt sichtlich die Aufmerksamkeit, mimt den Einpeitscher und verbreitet mit Fußballschlachtrufen Stimmung. Manuels Mutter trägt extra eine Sonnenbrille, damit er ihre Abschiedstränen nicht sieht. Ihr fällt es besonders schwer, den Sohnemann ziehen zu lassen. Für ihren Vertrauensvorschuss bin ich bis heute dankbar.

Tschüss Kiel! Der Busshuttle zum Hamburger Flughafen rollt los. Dort dürfen wir dank Manuels Behindertenausweis als Erste in den Airbus einsteigen. Der Schub drückt uns beim Start in die Sitze, die Vorfreude steigt und ich kann mir ein Grinsen nicht verkneifen. Manuel gibt sich unbeeindruckt vom Start.

„Julius, was gibt es hier im Flugzeug zu essen?"

Meine Antwort löst bei ihm ein Grinsen aus. Die Anspannung fällt von mir ab und ich bin erleichtert, dass wir den ersten großen Schritt in unser Abenteuer geschafft haben. Wir sitzen tatsächlich im Flugzeug nach Australien! Nach der ewig langen Vorbereitung ein beinahe unwirkliches Gefühl. Wir steigen durch die Wolkendecke und lassen Deutschland hinter uns.

Wie wir vorher das Fliegen übten

Es ist nicht unser erster Flug, ein paar Monate früher unternahmen wir bereits einen Kurztrip nach Amsterdam. Meine große Sorge war nämlich, dass Manuel sich im finalen Moment weigern könnte, ein Flugzeug zu betreten. Obwohl er noch nie geflogen ist, sprach er öfter von Flugangst und schlug vor, per Schiff oder Zug nach Australien zu reisen. Eigentlich vernünftig, vielleicht sogar visionär, Mannis Idee.

Also buchten wir einen Probeflug von Hamburg nach Amsterdam und zurück, zweimal eine Stunde. Siehe da, keine Spur von Flugangst.

Wir verbrachten unseren ersten gemeinsamen Kurzurlaub in Amsterdam bei einem Freund, den ich auf meinem Südostasien-Trip kennengelernt hatte. Ein Highlight war der Besuch von »Brownies and Downies«, einer niederländischen Kaffeekette, in der Menschen mit Behinderungen arbeiten. Eine besser gelaunte Bedienung habe ich selten erlebt. Solche Konzepte sollte es in Deutschland viel mehr geben, aber die Niederländer sind in solchen Dingen ja meistens schneller als wir. Alleine diesen Namen »Brownies and Downies«, den hätte sich hier keiner getraut.

Nach Australien fliegen wir nicht nonstop. In Dubai steigen wir in den Flieger nach Adelaide um. Manuel schafft es tatsächlich, siebenmal nacheinander denselben Film zu schauen. „Bigfoot Junior“ kann ich bis heute Wort für Wort nacherzählen. Nach einem zermürbend langen Marathon aus Schlafen, Essen, Filme schauen und lesen wandert mein Blick irgendwann aus dem Flugzeug vom tiefblauen Ozean zu einem zerklüfteten Küstenstreifen, an dem sich die Wellen brechen.

Da ist er! Aufgeregt wecke ich Manuel und wir erblicken den roten Kontinent zum ersten Mal. Die endlose rostrote Landmasse wirkt wie ein zweites Meer und gibt uns von hier oben einen ersten Eindruck von der Weite dieses überwiegend leeren Kontinents.

Keine Spur mehr von Müdigkeit und Langeweile, ich spüre Tatendrang und Aufbruchsstimmung. Auch Manuels Augen funkeln, spontan klatscht er in die Hände und umarmt mich vor Freude, dass mir fast die Luft wegbleibt. In 11.000 Metern Höhe realisieren wir allmählich, dass unser großes Abenteuer begonnen hat.

Nach über 20 Flugstunden Landung in Adelaide, der fünftgrößten Stadt Australiens an der Südküste. Eine der wenigen australischen Großstädte, die nicht aus einer Strafkolonie hervorgegangen ist. Das beruhigt doch schon mal. Am Flughafen dann ein Schreckmoment: Rüde bugsiert uns das Sicherheitspersonal zur Seite. Was ist denn jetzt verkehrt? Sofort schießen mir wieder alle erdenklichen Möglichkeiten, was auf den letzten Metern noch schiefgehen kann, durch den Kopf.

Die Situation klärt sich schnell auf. Mikhele, der Kameramann, hat uns im Sicherheitsbereich gefilmt und muss nun ausnahmslos alles löschen. Man könnte ja einen Anschlag planen. Ärgerlich, aber wir sehen ein, dass wir hier definitiv am kürzeren Hebel sitzen und eine Diskussion keinen Sinn ergibt. Wir geben klein bei, überzeugen die Uniformierten von unserer Harmlosigkeit und gehen zur Gepäckausgabe. Immerhin klappt da alles reibungslos, die Rucksäcke sind schnell da, und Bomben haben sie auch keine gefunden.

An dieser Stelle wird es Zeit zu erwähnen, dass Manni und ich bei diesem Abenteuer nicht ganz allein sind. Zeitweise begleitet uns ein dreiköpfiges Filmteam, aber dazu später mehr.

Als sich die Schiebetüren des Flughafens öffnen, schlägt uns eine warme Wand entgegen. Eukalyptusbäume säumen den Vorplatz des Taxistands. Um die Situation, wie im wahrsten Sinne des Wortes, zu begreifen, gehe ich mit Manuel zielstrebig auf einen Eukalyptusbaum zu, tätschle die Rinde und erkläre ihm, dass es diese Bäume nur in Australien gibt. Das stellt sich bei späterer Recherche allerdings schon als falsch heraus.

Den typischen Touri-Fauxpas, in Australien auf der Fahrerseite ins Taxi einsteigen zu wollen, kommentiert Manuel mit einem Grinsen. Er freut sich diebisch über jeden meiner Fehler. Zeigt ihm das doch, dass auch ich nicht perfekt und allwissend bin. Ehrlich gesagt, bin ich davon meilenweit entfernt, kann das aber meistens ganz gut überspielen. Umso größer seine Schadenfreude, wenn es mal nicht klappt.

Der Fahrer chauffiert uns durch das nächtliche Adelaide und setzt uns vor einem mehrstöckigen, weißgestrichenen Haus ab, dem Glenelg Beach Hostel. Nach dem Einchecken stelle ich ernüchtert fest, dass man ein Doppelbett für uns vorgesehen hat. Das wird nicht das letzte sein.

Was soll's? Zuerst müssen wir unseren Hunger stillen. Nebenan bei McDonald's bestellen wir mehr, als gut für uns ist, lassen alles einpacken und schlagen uns auf der Treppe vor dem Hostel die Bäuche voll. Beim Duschen merke ich dann erst, wie kaputt ich nach dem langen Flug bin. Manni kann zu jeder Zeit, an jedem Ort, immer sofort einschlafen und ist mir schon weit voraus. Schlafend macht er sich breit wie ein Seestern und okkupiert zwei Drittel unserer durchgelegenen Federkernmatratze.

Mir setzt der Jetlag allerdings zu und um vier Uhr früh beschließe ich schlaflos, draußen auf der Treppe eine Zigarette zu rauchen. Dabei bin ich nicht mal wirklich Raucher. Ich starre in die Leere und grüble vor mich hin. Der Point of no return ist erreicht, einfach zurück nach Hause geht jetzt nicht mehr. Eineinhalb Jahre Vorbereitung haben uns dahin gebracht, wo wir jetzt sind. Wir haben unzählige Klinken geputzt, waren in Zeitung, Radio und Fernsehen, um die Spenden zusammen zu bekommen und mussten viel, sehr viel Überzeugungsarbeit leisten. Trotzdem gab es genug Leute, die unseren Plan für eine Schnapsidee hielten.

Warum ausgerechnet Australien? Viel zu teuer, viel zu weit weg. Und dann auch noch zwei Monate, mit einem Behinderten? Das ist viel zu lang! Unverantwortlich! Aller Skepsis zum Trotz haben wir aber einfach an die Sache geglaubt. Es war uns wichtig, gerade den Zweiflern zu zeigen, dass dieses irgendwie durchgeknallte Abenteuer machbar ist. Gerade jetzt, wo wir hier sind und der rote Kontinent wie eine Einladung vor uns liegt, kommen mir selbst die größten Zweifel.

Ich schiebe sie auf den anstrengenden Flug, meine Übermüdung und gehe zurück in unser Zimmer. Manuel schnarcht dort friedlich mit Ohrenstöpseln, eingewickelt in seine und meine Decke. Nach drei Stunden Schlaf weckt er mich.

„Julius, ich habe Hunger!"

Er will frühstücken, welch Überraschung. In der Gemeinschaftsküche des Hostels, die mit jeder Studenten-WG mithalten kann, gönnen wir uns Toast mit Brotkrumen garnierter Erdbeermarmelade, dazu einen zumindest lauwarmen Kaffee. Gestärkt machen wir uns mit der Straßenbahn Richtung Innenstadt auf.

Wir laufen durch die Straßen, saugen alle neuen Eindrücke gierig auf. Ich betrachte Adelaide immer noch durch den eintrübenden Schleier des Jetlags. Manuel ist da robuster und bombardiert mich mit Fragen zu allem Möglichen, was er gerade sieht. Wir kaufen Sim-Karten für die Handys, Sonnencreme und Sachen, die wir dann doch vergaßen einzupacken. Als wir einen Laden verlassen, zeigt mir Manuel mit einer Mischung aus Schuldbewusstsein und Stolz eine billige Sonnenbrille.

„Hast du die geklaut?", frage ich mit hochgezogener Augenbraue.

„Ja, aber nicht mit Absicht."

Aha… Ich bestehe darauf, dass wir das Diebesgut unverzüglich zurückbringen, dann kann Manni noch was draus lernen. Leider habe ich die Rechnung ohne die Verkäuferin gemacht. Sie verfällt Mannis treuherzigem Hundeblick und schenkt ihm am Ende neben der Sonnenbrille noch ein bezauberndes Lächeln. Wie soll ich da pädagogische Konsequenz walten lassen?

Du sollst nicht stehlen

Die Erfahrung lehrt sowieso, dass bei Manuel oft beide Augen zugedrückt werden. Ich sehe das mit gemischten Gefühlen.

Dass diese Rücksichtnahme gut gemeint ist, leuchtet mir ein. Doch hilft sie ihm bei seiner Persönlichkeitsentwicklung? Er weiß ja ganz genau, dass man nicht klauen darf. Ist das nicht auch wieder eine Sonderbehandlung? Auf der anderen Seite weiß ich aber auch, dass vielen Menschen ein ungezwungener Umgang mit Menschen mit einer Behinderung schwerfällt. Bei einer geistigen wie dem Down-Syndrom wird es nochmal komplizierter.

Auf dem Weg zum Hostel kommen wir an einem Straßenmusiker vorbei. Manuel hat generell die Angewohnheit, ein paar Münzen in den Hut zu schmeißen, egal wie gut oder schlecht der Musiker spielt. Wie auch die Verkäuferin schließt ihn der junge Mann sofort in sein Herz und hängt ihm prompt seine Gitarre um.

Manuel ist eine Rampensau. Er kann überhaupt nicht Gitarre spielen, aber nutzt die unverhoffte Gelegenheit und gibt eines seiner Lieblingslieder zum Besten:

„Oh Tannenbaum". Manni, bei 30 Grad im Schatten, an der Gitarre, auf Deutsch: „Wie grün sind deine Blätter!"

Das haben die Leute hier in Adelaide noch nicht gesehen. Am Ende erntet er Applaus und verbeugt sich gekonnt. Als wir weitergehen wollen, strahlt uns eine ältere Frau an und sagt nur:

„This made my day".

Großartig, wie Manni Leute begeistern kann. Manchmal muss man ihn einfach machen lassen. Es ist eine seiner faszinierenden

Stärken. Auch wenn das für mich als Begleiter oft Stress, skurrile Momente oder (anerzogenes) Schamgefühl erzeugt: Macht nicht eigentlich er mit seiner unbefangenen Neugier alles richtig?

In den nächsten Tagen erkunden wir die Stadt und beginnen uns zu akklimatisieren. Jacob, der zweite Kameramann, hat nun auch endlich sein Visum. Völlig übermüdet kommt er abends in unserem Hostel an, nur um dann festzustellen, dass er die Drohne am Flughafen vergessen hat. Egal, jetzt stoßen wir erst mal an. Morgen geht es schon weiter nach Melbourne, dort wollen wir uns mit Carsten, dem dritten Mann des TV-Teams, treffen. Wir packen unsere Sachen ins Auto und nehmen die 750 Kilometer von Adelaide nach Melbourne in Angriff. Das ist ungefähr die Strecke Hamburg–München.

Da nur Jacob einen Führerschein hat und sich meine Fahrlizenz lediglich auf ein Mofa beschränkt – ich bin so oft durch die Prüfung gefallen, dass ich entnervt aufgab – hat er die undankbare Aufgabe, den ganzen Weg am Steuer zu sitzen. Dass er erst tags zuvor aus Deutschland angekommen ist und noch am Jetlag leidet, macht die Sache nicht besser. Für uns ist es ein Glücksfall, dass wir die kleine TV-Crew dabeihaben. Auch Manni findet die beiden super. So langsam fühlt es sich ein bisschen nach Klassenfahrt an.

Auf der langen Fahrt nach Melbourne haben wir genug Zeit uns kennenzulernen. Auf die Frage, woher ich denn Carsten kennen würde, muss ich ein wenig ausholen.

Rückblende: Wie wir es zufällig bis zu ARTE schafften

Die Geschichte beginnt schon ein paar Jahre vorher. Ich trieb mich in einem Kieler Buchladen herum, bis mein Blick auf das Buch »Das Leben ist ein wildes Tier« fiel. Der Klappentext überzeugte und versprach eine interessante Geschichte über weltweite Krisenherde und Abenteuer.

Ich steckte das Buch damals ein, ohne zu bezahlen und ging. Einfach aus Langeweile, um zu sehen, was passiert. Es passierte nichts. Zu meiner Verteidigung muss ich aber hinzufügen, dass ich das Buch, nachdem ich es in einem Zuge durchgelesen habe, unauffällig wieder in das Ladenregal zurückgestellt habe. Ich habe es mir also quasi nur ausgeliehen. Mir gefiel das Buch so gut, dass ich dem Autor bei Facebook schrieb. Carsten antwortete prompt mit der Bitte, eine Rezension zu schreiben. Eine gute Gelegenheit, um mein schlechtes Gewissen zu bereinigen.

Nun waren wir also Facebook-Freunde und als die Planung der Australien-Reise begann, hat er meinen Spendenaufruf gesehen. Carsten fand die Idee gut und fragte mich, ob er uns mit der Kamera für das Fernsehen begleiten darf. Das ändert das ganze Unterfangen von Grund auf... Doch erst einen Monat vor Abreise stand überhaupt fest, dass eine TV-Dokumentation zustande kommt. Nach langer Suche fanden wir mit Vincent Productions von Sandra Maischberger eine geeignete Produktionsfirma. ARTE will unsere Reise zu einem Fünfteiler machen. Wahnsinn!

Auf dem Weg nach Melbourne ist es mittlerweile dunkel geworden. Vertrocknete Eukalyptusbäume ziehen monoton vorbei. Schilder warnen wahlweise vor Buschbränden, Kängurus oder Koalas. Auch wenn wir schon etliche Kilometer gerissen haben, ist unser Raumgewinn laut Straßenkarte ernüchternd gering. Ein Phänomen, welches uns auf dieser Reise noch oft begegnen wird, denn die Dimensionen sind, wie so vieles, anders hier unten.

Da wir schon am Abend Carsten treffen wollen, nehmen wir den Highway und nicht die malerische Great Ocean Road. Die lange Fahrt in dem stickigen Auto geht an die Substanz und Manuel hat die Faxen dicke... Die ständige Fragerei:

„Wann kommen wir an?“ und sein leidendes „Ich habe keinen Bock mehr!“ stellt uns alle auf die Probe. Ich bekomme einen kleinen Vorgeschmack darauf, wie es sein wird, wenn Manni alles zu viel wird...

Bei einer Rauchpause drückt er so lange auf die Hupe, bis wir entnervt einsteigen und weiterfahren. Gelassenheit ist das Stichwort. Was anderes bleibt uns sowieso nicht übrig und so fahren wir immer weiter durch die Dunkelheit. Nach einer Steigung erscheint auf einmal ein Lichtermeer am nächtlichen Horizont. Nach zwölf Stunden Fahrt ohne nennenswerte Pause haben wir es fast geschafft. Das Navi leitet uns zielsicher Richtung Downtown. Wir tauchen durch einen in Regenbogenfarben illuminierten Tunnel in die offiziell lebenswerteste Stadt der Welt ein. Melbourne.

„Tattoos sind cool. Ich will auch welche haben"

So you want to be a Rock'n Roll star
Just get an electric guitar
Then take some time and learn
how to play

The Byrds

Phascolarctos cinereus

Koala

Bei der Unterkunft haben wir Glück im Unglück. Kein Hostel hat genug Platz für unsere zusammengewürfelte Truppe samt Gepäck und Filmequipment. So bucht uns die Produktionsfirma notgedrungen ein schickes 4-Sterne-Hotel.

Ich freue mich darauf, Carsten nach der langen Zeit endlich richtig kennenzulernen und bin gespannt, was das wohl für ein Typ ist. Am Rand des weitläufigen Foyers steht er, in Lederjacke, mit graumeliertem Dreitagebart und braunen Haaren. Da wusste ich noch nicht, dass Indiana Jones eines seiner großen Vorbilder ist, aber das Bild passt.

Die Begrüßung ist herzlich und wir sind froh, dass unser Team nun komplett ist. Alle sind ziemlich kaputt, darum beziehen wir erst mal unser großzügiges Apartment. Und siehe da, Manuel und ich bekommen wieder das Doppelbett. Egal, dafür haben wir immerhin eine eigene Dusche und die brauchen wir beide dringend.

Bevor wir ins Bett gehen, reflektiere ich mit Manuel die letzten Tage. Das ist uns beiden wichtig, damit wir einen passenden Raum schaffen können, uns gegenseitig alles zu sagen. Wir sprechen über Dinge, die uns besonders gut gefallen haben oder eben auch nicht.

„Manni, das war heute verdammt anstrengend mit dir."

Manuel schaut mich ernst an und sagt:

„Die Fahrt war zu lang."

Da hat er Recht und ich verspreche ihm, dass wir keine so lange Autofahrt mehr machen. Mit den Gesprächen können wir Konflikte, welche sich auf einer derart langen Reise nicht vermeiden lassen, schon frühzeitig erkennen. Für Manni ist auch eine gewisse Routine und Struktur wichtig. Sie gibt ihm Sicherheit am anderen Ende der Welt, so weit weg von seinem sonstigen Alltag.

Bei diesen Gesprächen merke ich immer wieder, wie sehr ich ihn ins Herz geschlossen habe. Bei unserer ersten Begegnung sah das noch anders aus.

Sommer 2015

Eigentlich war es nur ein Vertretungsjob in einer Sportgruppe für Menschen mit Behinderungen. Ich war in meiner Ausbildung zum Erzieher und weil man währenddessen nichts verdient, war ich dankbar für jeden Euro extra in meiner Tasche. Ich betrat die kleine, stickige Turnhalle am Kieler Stadtrand. Es roch nach Schweiß und Gummiabrieb von den Sportschuhen der Teilnehmenden, die sich schon fleißig aufwärmten. Und da sah ich ihn zum ersten Mal. Er trug ein blau-weißes Fantrikot von Holstein Kiel, stand auf einer Turnbank und feuerte mit einem Megafon in der Hand die Basketballer an. Wer gibt diesem Kerl ein Megafon, schoss mir zuerst durch den Kopf.

In der Umkleidekabine fielen Manuel meine Tattoos auf.

»Die sind cool, ich will auch welche haben.«

Ich erwiderte, dass er sich das gut überlegen muss, denn so schnell wird man die nicht mehr los. Dann richtete sich sein Augenmerk auf das Muttermal auf meiner linken Brust.

»Was ist das?«, fragte er verdutzt. »Das sieht scheiße aus!«

Mir fiel dazu nichts ein, außer:

»Mir gefällt es!«

Und er bohrte weiter: »Warum hast du das? Das musst du wegmachen lassen.«

»Weil ich so geboren wurde«, ist meine knappe Antwort.

Die Reaktion, die nun kam, machte mich nachdenklich und amüsierte mich zugleich. Er bemitleidete mich, weil ich so geboren wurde.

Es wurde eine gute Sportstunde, bei der ich direkt einen Vorgeschmack auf die emotionale Bandbreite Manuels bekam. Ein guter Verlierer ist er schon mal nicht. Irgendwie faszinierte mich dieser Kerl von der ersten Minute an und so habe ich auch nicht lange überlegt und ihm noch am selben Tag meine Handynummer gegeben, als er mich darum bat. Ich dachte mir tatsächlich, dass er eh kein Handy hat, und wenn doch, dass er damit bestimmt nicht umgehen kann.

Ein großer Irrtum! Urheberrechtsverletzung – Grundsteuer – Stalingrad – Emulator – Mesopotamien, las ich zwei Tage später schlaftrunken morgens auf meinem Handy. In den kommenden Tagen erhielt ich viele weitere dieser sinnfreien Nachrichten und ich konnte mir beim besten Willen keinen Reim darauf machen. Dann stellte sich Manuel als Absender heraus. Er hatte das Bedürfnis, mir zu schreiben, ohne schreiben zu können, die Wortergänzung tat ihr Übriges. Wer hätte zu dem Zeitpunkt gedacht, welch besondere Freundschaft sich aus dieser ersten Begegnung entwickeln würde?

Am nächsten Morgen stehe ich in Boxershorts mit einem Kaffee auf dem Balkon unserer Suite und lasse den Sonnenaufgang über den Dächern Melbournes auf mich wirken. Beim Frühstück mit Espresso und Croissants planen wir die kommenden Tage. Heute steigt in der Stadt das erste Ability Festival, das wir schon an diesem Nachmittag besuchen werden. Da wollen wir hin, denn es geht dort auch um Inklusion.

Ausgerüstet mit Drohne, Kamera und Mikrofonen ziehen wir am Nachmittag los. Die lange Schlange am Eingang von Ability gibt schon einen Vorgeschmack auf das, was hier los ist. Nachdem wir uns auf dem weitläufigen barrierefreien Gelände orientiert haben, stolpern wir geradewegs in den Backstage-Bereich von „Rudely Interrupted". Mit denen wollten wir uns hier treffen. Auf den ersten Blick glaubt man nicht, dass diese Band international Konzerte gibt und auch schon in Deutschland aufgetreten ist. Rory, der Sänger und Keyboarder, hat Autismus und ist von Geburt an blind. Er erklärt mir mit seiner markant schnarrenden Stimme seine Liebe zur Musik und, dass er aufgrund seines absoluten Gehörs eine ganz besondere Beziehung zu Tönen und Geräuschen habe. Mir fällt der kleine Kettenanhänger in Form einer Miniaturampel an seinem Hals auf. Das Klicken von Ampeln, so erklärt er mir, gehöre zu seinen Lieblingsgeräuschen. Wir verstehen uns auf Anhieb gut.

Sam ist Bassist, Tänzer und Entertainer der Band und hat genau wie Manuel das Down-Syndrom. Er ist klein, rundlich, hat kein einziges Haar auf dem Kopf und immer gute Laune. Den Bass vernachlässigt er gerne mal, dafür lässt er sich viel zu gern von der Musik treiben, hüpft mit Umhang und Tüchern über die Bühne und heizt dem Publikum ein.

Und dann ist da noch Rohan, Gitarrist und Manager der Band. Er spielte schon mit The Vines und The Killers auf viel größeren Bühnen. Er hat einen Drink in der Hand, verwuschelte Haare und ein Gesicht, in dem sich das Leben eines Rockstars widerspiegelt. Für sein Engagement mit der Band Rudely Interrupted wurde er als Sozialarbeiter des Jahres ausgezeichnet. Er rüstet uns alle mit einem VIP-Bändchen aus, mit dem wir überall gratis essen können.

Der strahlend blaue Himmel unterstreicht die Stimmung unter den unterschiedlichsten Festivalbesuchern, die hier doch alle so

gleich sind. Aufgestylte Mädels tanzen mit Rollstuhlfahrern. Ein Mann mit zwei Beinprothesen holt sich neben uns ein Bier. Der Rhythmus der Bands steckt alle an. Hier wird Inklusion nicht nur gelebt, sondern richtig gefeiert. Der Veranstalter des Festivals, Dylan Alcott, ist selbst Rollstuhlfahrer und die kompletten Einnahmen fließen an eine Sportstiftung für Kinder mit Behinderung, wie er mir später erzählt.

Auf der Bühne geben Rudely Interrupted Vollgas. Rory haut in die Tasten, Sam wirbelt im Umhang über die Bretter und spielt… keinen Bass. Ein paar Minuten glauben Manuel und ich arglos, dass wir Teil des Publikums sind. Falsch gedacht! Die Band holt uns auf die Bühne und Rory begrüßt seine neuen deutschen Freunde am Mikrofon. Später erzählt er mir, dass er minimale Schwingungen auf der Bühne wahrnimmt und somit auch unsere ersten Schritte da oben.

Doch damit sind wir noch längst nicht raus aus der Nummer. Plötzlich bekommt Manni die E-Gitarre um den Hals gehängt und wird so Teil der Band. Das Publikum feiert diesen Spontanauftritt mit Applaus. Manuel, ganz Rampensau, spielt mit dem Publikum und schmeißt ihnen einen Luftkuss zu. Das muss man sich erst mal trauen. Ich nehme Manni in den Arm und bin einfach nur stolz auf seinen mutigen Auftritt.

Nach „unserem Gig“ mischen wir uns unter die Menge und tanzen mit den unterschiedlichsten Leuten. Manuel genießt sichtlich die Aufmerksamkeit und tanzt, links und rechts ein Mädchen im

Arm, bis er schweißnass ist. Ich nutze mein VIP-Bändchen aus, probiere mich durch die Fressbuden und teste das australische Bier. Was mir an diesem Festival auffällt: Dass mir nichts auffällt. Der Umgang ist authentisch und jeder wird so genommen, wie er eben ist. Menschen mit und ohne Behinderungen sind eins, verbunden durch die Musik und den Vibe. Hier gibt es gerade keine Grenzen und jeder ist einfach nur Mensch.

Die Filmcrew lässt die Drohne über dem Gelände kreisen und fängt großartige Bilder ein. Der Festivaltag neigt sich dem Ende zu und die ersten Besucher haben einen über den Durst getrunken. Auch das gehört zu einem ganz normalen Festival dazu. Hier einen anderen Anspruch zu stellen, würde der Idee nicht gerecht werden. Die Sonne steht nun tief und wir machen uns in der Dämmerung geradezu euphorisch auf den Heimweg. Im Hotel bestellen wir erstmal Pizza für die ganze Crew, so wie Rock-Stars das angeblich nach ihren Auftritten machen.

Die Stimmung ist ausgelassen und Carsten sichtet auf dem Laptop gespannt die Aufnahmen des Tages. Während wir rumalbern, verstummt er, wird blass und gibt ein lautes „Scheiße“ von sich. Anstatt auf „sichern“ zu klicken, hat er die gesamten Aufnahmen des Tages gelöscht. Alles ist weg! Wunderbare Aufnahmen eines einzigartigen und nicht wiederholbaren Tages sind im Bruchteil einer Sekunde zunichte gemacht.

Kapitel 3

„Muckis sind gut, da stehen die Mädels drauf“

Moskau, Moskau
Komm wir tanzen auf dem Tisch
Bis der Tisch zusammenbricht
Ha ha ha ha ha

Moskau, Dschinghis Khan

Die Stimmung kippt schlagartig um. Nur Manuel bleibt entspannt und klaut sich im allgemeinen Durcheinander den letzten Bissen Pizza. Wirklich helfen kann ich nicht und beschließe, dass es für uns beide Zeit wird, schlafen zu gehen. Wie jeden Abend besprechen wir den Tag und ich klopfe Manuel auf die Schulter.

„Du warst heute richtig gut!"

Findet er auch. Die Bühneneinlage hat ihm am besten gefallen, gefolgt von den schönen Frauen und – natürlich – den Pommes für lau. Aber eins geht ihm auf die Nerven.

„Julius, die reden hier alle Spanisch, ich versteh die nicht."

Warum ihm hier alles spanisch vorkommt, kann ich mir nicht erklären.

„Die sprechen hier Englisch, aber wir treffen ja auch viele Deutsche", erwidere ich. „Außerdem, kann ich ja immer übersetzen! Ein nettes Lächeln ist sowieso mehr wert."

Manuel schaut mich an: „Okay."

Überzeugt wirkt er nicht.

Schlafen kann Manuel nur, wenn sein kleines rotes Nachtlicht leuchtet. Blöd für mich, denn ich mag es nachts gerne dunkel und ruhig. Auf beides verzichte ich seit Beginn der Reise. Mannis Komfortzone ist mir erstmal wichtiger. Also Licht aus, Nachtlicht an und Augen zu. Ich denke über die Worte von Manuel nach. „Ich versteh die nicht." Er geht mit all dem hier ganz schön souverän um. Eine zweimonatige Reise quer durch ein fremdes Land ist schon eine Herausforderung. Mit Down-Syndrom all die neuen Eindrücke zu verarbeiten, die täglich auf einen einprasseln, sich jeden Tag auf neue Umstände einzustellen ist eine riesige Leistung.

Doch was ist eigentlich das Down-Syndrom?

Eine kurze Übersicht: Das Down-Syndrom

Es gibt viel Literatur, die sich dem Thema Down-Syndrom sehr genau und ausführlich widmet. Diesen Anspruch habe ich hier nicht. Ich kratze nur ein wenig an der Oberfläche, um denjenigen einen Eindruck zu vermitteln, die mit dem Thema noch wenige Berührungspunkte hatten.

Durch eine Anomalie des Erbgutes befindet sich in allen Körperzellen das 21. Chromosom drei- und nicht zweimal. Daher auch der Begriff Trisomie 21. Das hat zur Folge, dass die geistige Entwicklung eingeschränkt und das äußere Erscheinungsbild verändert wird. Die Betroffenen brauchen länger, um Motorik, Kognition und Sprache zu lernen. Gezielte Förderung kann später aber viel bewirken. Menschen mit Down-Syndrom sind oft untersetzt und kleiner als der Durchschnitt. Charakteristisch sind beispielsweise die leicht schrägen Augen und die große Zunge.

Diese Form der Behinderung gibt es schon lange. In Irland hat man das 5500 Jahre alte Skelett eines Jungen mit Down-Syndrom gefunden und auf einem mittelalterlichen Gemälde – Die Anbetung des Jesuskindes – sind ein Mädchen und eine Frau mit Down-Syndrom klar zu erkennen. Die Gesellschaft ging immer unterschiedlich mit Menschen mit Behinderungen um. Von Inklusion bis Isolation war alles dabei. Die Nazis ermordeten in der Aktion T4 70.000 Menschen mit Down-Syndrom und anderen geistigen, körperlichen oder seelischen Behinderungen.

Gesellschaftlich und medizinisch hat sich in den vergangenen Jahrzenten viel verändert. So lag die Lebenserwartung von Menschen mit Down-Syndrom in den 1980er-Jahren im

Schnitt nur bei 25 Jahren. Heute können Menschen mit Down-Syndrom über 60 Jahre alt werden. Rund fünf Millionen Menschen mit Trisomie 21 leben auf der Welt, davon ungefähr 50.000 in Deutschland. Doch trotz des gesellschaftlichen Fortschritts sind die Zahlen rückläufig. Aufgrund der modernen pränatalen Diagnostik wird Trisomie 21 heute häufig im Mutterleib erkannt, mit der Folge, dass über 90% dieser Föten abgetrieben werden. Dieser »Trend« verstärkt sich.

Am nächsten Morgen erfahre ich, dass Carsten bis 5 Uhr früh schweißgebadet am Rechner saß. Mit größter Mühe hat er einen Spezialisten gefunden, der sich seines Problems annehmen will. Wird ein teurer Spaß, erzählt er mir beim Frühstück. Selten habe er bei seiner Arbeit so einen Stress gehabt. Das aus dem Mund eines Mannes, der normalweise aus Krisen- und Kriegsgebieten berichtet, heißt schon was.

Heute lernen Manni und ich Australian Football kennen. Der Sport ist nicht zu verwechseln mit American Football, da tragen die Akteure immerhin noch eine ‚Rüstung‘. Die Aussis verfolgen eine andere Philosophie, da gibt es ungeschützt auf die Knochen.

Das Team, mit dem wir heute trainieren, nennt sich Rock Dogs. Als wir beim Sportplatz ankommen, wärmen sich ein paar Spieler auf, andere trinken erstmal ihr Bier aus. Ich merke schnell: Sport steht hier nicht an erster Stelle. Der Haufen sieht ziemlich wild aus, viele der Spieler tragen lange Haare. Bei manchen sind sie schon ein wenig dünner oder angegraut und auch die Trikots scheinen an manchen Stellen schon etwas zu zwicken. Tattoos hat fast jeder und das nicht zu knapp, sonnengegerbt sind sie sowieso. Auch eine Frau gehört zum Team. Auf den Oberschenkeln hat sie sich „G'day mate" tätowieren lassen und mit diesen Worten begrüßt sie uns auch. Die Grußformel spiegelt wie kein anderer Satz das Selbstverständnis und Lebensgefühl der Australier wider. Jeder ist erstmal ein ‚mate', ein Kumpel, auch Manuel und ich, dieses seltsame Duo aus Deutschland.

Die Rock Dogs erklären uns den Ablauf des Trainings und ein paar Regeln. Ich verstehe fast nichts, nicke eifrig und verzichte gleich darauf, Manuel das Regelwerk zu übersetzen. Bei den Dehnübungen machen wir noch eine ganz gute Figur. Als es dann aber ans Laufen geht, erlahmt Mannis Antrieb sehr schnell vom Sprint über den Trab ins Schlendern.

Schon damals beim Sport ignorierte er das Laufband gekonnt. Lieber Bankdrücken bei den Bodybuildern. „Muckis sind gut, da stehen die Mädels drauf", so seine Rede. Das rächt sich jetzt. Bei den Geschicklichkeits- und Blockübungen denkt Manuel erst gar nicht daran, durch das Labyrinth von Gegnern zu laufen. Er läuft außen herum. Das hat zwar mit den Regeln nichts zu tun, ist aber effektiv. So ganz ernst nimmt das hier eh keiner und wir sind als blutige Anfänger ja ohnehin eher ungeeignete Sparringspartner.

Nach dem Schlusspfiff kommt Gartenpartystimmung auf. Die Biere werden jetzt ganz offiziell aus den Kühltaschen geholt und wir stoßen auf unsere „Feuertaufe" an. Zum Abschied schenken sie Manni und mir Trikots.

Am Nachmittag treffen wir uns im Northcote Social Club zum zweiten Mal mit Rudely Interrupted, um noch mehr über sie zu erfahren. In dem Pub sitzen die Musiker bei Fish and Chips, schauen Football und trinken Bier. Das bestellen Manuel und ich auch.

Während ich versuche, dem Football-Spiel auf dem Bildschirm zu folgen, spult Manuel sein Pommes-Ritual ab. Vorsichtig nimmt er das Mayonnaise-Päckchen und streicht konzentriert das letzte Tröpfchen aus der Verpackung. Danach ist der Ketchup dran.

Jetzt räuspert er sich hörbar, holt tief Luft, befeuchtet mit seiner Zunge die Lippen und beginnt mit spitzen Fingern eine Pommes nach der anderen erst in die rote, dann in die weiße Soße zu tunken, bis er sie dann genüsslich in seinem Mund verschwinden lässt.

Bei mir wird Essen oft zur Nebensache, Manni dagegen zelebriert es! Als ich nach kurzer Zeit vom Monitor zu ihm schaue, ist sein Teller fast leer. Satt und zufrieden schiebt er ihn von sich weg und grinst mich mit rot-weiß verschmierten Mundwinkeln an.

Und schon hat er ein neues Thema, das ihn fasziniert. Das geht immer sehr schnell bei ihm. Aus den Lautsprechern im Pub dröhnt „Moskau“ von Dschingis Khan. Er kennt das Lied, ruft laut:

„Moskau!“, springt von seinem Barhocker, singt laut mit und beginnt den Kosakentanz. Ich versuche immer noch, mit Servietten seinen verschmierten Mund zu putzen. Vielleicht sollte ich mir weniger Gedanken machen und ihn einfach tanzen lassen!

Wir haben schon vor der Reise in den sozialen Netzwerken auf unsere Australienreise aufmerksam gemacht – mit einiger Resonanz auch aus Australien selbst. Und so haben wir schon vor dem Aufbruch einige Verabredungen getroffen. Die nächste steht gleich nachmittags in einem Melbourner Park an. Wir treffen Julia Bauer, 33, perfekt gestylt, Auswanderin. Sie hatte bei Facebook von unserem Spendenaufruf gelesen und ihre Unterstützung angeboten. Julia reiste vor acht Jahren nach Australien – und kam nie zurück. 2016 machte sie sich mit „Time To Backpack“ selbständig. Sie organisiert für Backpacker individuelle Touren und zeigt ihnen die besten Routen durch das Land.

Volltreffer, so einen Profi können wir gebrauchen! Im Park wartet sie bereits auf uns und wir suchen uns ein schattiges Plätzchen auf der Wiese. Julia ist perfekt vorbereitet und zaubert mehrere Papierbögen und Listen aus ihrer Handtasche. Die Frau hat eine Menge guter Ideen. „Als ich den Post zu eurer Reise gestartet habe, ist meine Inbox regelrecht explodiert!"

Ich bin erstaunt und gerührt zugleich. Viele Anbieter in Down Under gewähren uns großzügige Rabatte oder wollen erst gar kein Geld. Sie finden unser Vorhaben einfach gut. Begeistert höre ich mir Julias Vorschläge an, doch Manuel winkt eine Idee nach der anderen ab.

„Ihr könnt eine Geländewagen-Tour über Sanddünen machen", schlägt Julia vor.

„Ne ne, das will ich nicht, Julius, ich habe Angst, dass ich rausfalle!", erwidert Manuel kopfschüttelnd. Mein Einwurf, dass man sich ja anschnallen kann, überzeugt ihn nicht.

„Ne, das bringt auch nichts."

„Willst du denn Kängurus sehen?", frage ich leicht verzweifelt.

„Neee, auch nicht!"

Zelten im Outback findet er auch blöd. Das Spiel geht eine Weile so weiter und ich beschließe, Manuel erstmal nicht mehr zu fragen. Ich bin mir sicher, morgen sieht die Welt schon wieder anders aus.

Zum Schluss kommt die beste Info. Julia hat mit zwei großen Hotelketten gesprochen und wir können dort tatsächlich gratis übernachten. Unser ohnehin nicht gerade prall gefülltes Reiseportemonnaie freut sich, und mir fällt eine Last von den Schultern. Denn eins ist uns von Anfang an aufgefallen: Hier in Australien ist doch alles ein bisschen teurer. Und weil ich im Erstellen von „Worst case-Szenarios“ spitzenklasse bin, habe ich mir schon ausgemalt, wie ich mit Manuel in einer Kombüse schwitze und wir uns als Kartoffelschäler die Heimreise auf einem Containerschiff verdienen müssen.

Als Dankeschön laden wir Julia noch auf einen Kaffee ein. Manuel hat sich geradezu verknallt in unsere charmante Helferin, hakt sich bei ihr ein und passt auf, dass wir uns nicht zu gut unterhalten. So schlendern wir durch Melbournes Künstlerviertel, vorbei an Graffiti und Streetart. In einer Brasserie in einer Seitenstraße gibt uns Julia noch viele gute Tipps. Ich fühle mich erschlagen von all den Möglichkeiten, die dieses Land für uns bereithält. Die Einladung, sie auch mal in Canberra zu besuchen, nehmen wir gerne an. Aber fürs Erste trennen sich unsere Wege hier.

Wir verlassen Melbourne für eine weitere Verabredung: Eine gemeinsame Bekannte hat den Kontakt zu Jenny hergestellt. Die ehemalige Sozialarbeiterin lebt als Rentnerin eine Autostunde außerhalb der Metropole in den Hügeln der Dandenongs. Sie hat uns gefragt, ob wir nicht Lust haben, mit ihr in einem historischen Dampfzug zu fahren.

Also verlassen Manuel und ich Melbourne Richtung Osten, fahren immer tiefer in einen gemäßigten Regenwald hinein, mit steilen Straßen und tiefen Schluchten. Links und rechts ragen alte, riesige Eukalyptusbäume über uns, so dass wir ihr im Wald verstecktes Holzhaus nur mit Mühe finden. Jenny, kurze graue Haare, empfängt uns mit Tee und Kuchen. Weil sie und ich aus derselben Branche kommen, finden wir schnell ein Thema.

Wir sind uns einig, dass Sozialarbeiter mit gutem Beispiel vorangehen sollten und man Menschen mit Behinderungen ganz selbstverständlich in die Mitte der Gemeinschaft aufnehmen muss. Aber dieser Standpunkt ist auch heute noch oft nicht mehrheitsfähig. Nach dem Tee brechen wir auf zum Puffing Billy. Die Schmalspurbahn ist 100 Jahre alt und dient heute als Touristenattraktion

Ein Schaffner in historischer blauer Bahnbeamtenuniform geht sichtlich in seiner Rolle auf. Er bittet euphorisch alle Passagiere, Platz zu nehmen und auch wir steigen in unseren offenen Waggon ein. Das Ertönen der Trillerpfeife erwidert Billy mit einem lauten Pfiff aus seinem Schornstein. Nun setzen sich die schweren Räder in Bewegung und eine große Dampfwolke steigt in den Himmel.

Manuel macht es sich auf seiner Bank bequem, zieht die Schuhe aus und streckt die Füße über die Brüstung. Das ist streng verboten, aber der Zug fährt so langsam, dass ich Manni seinen Spaß lasse. Große, von Lianen bewachsene Bäume ziehen an uns vorbei. Farne bedecken den Boden und urzeitlich wirkende Pflanzen und Palmen bilden eine dichte Wand. Die Szenerie, wir mit dieser kleinen Dampflok im Regenwald, erinnert mich an Jurassic Park. Wenn jetzt noch ein Raptor aus dem Busch springt, war's das mit Mannis Füßen. So weit kommt es dann aber nicht.

Manuel studiert unterdessen seine „Auto Bild“, die er aus Deutsch-

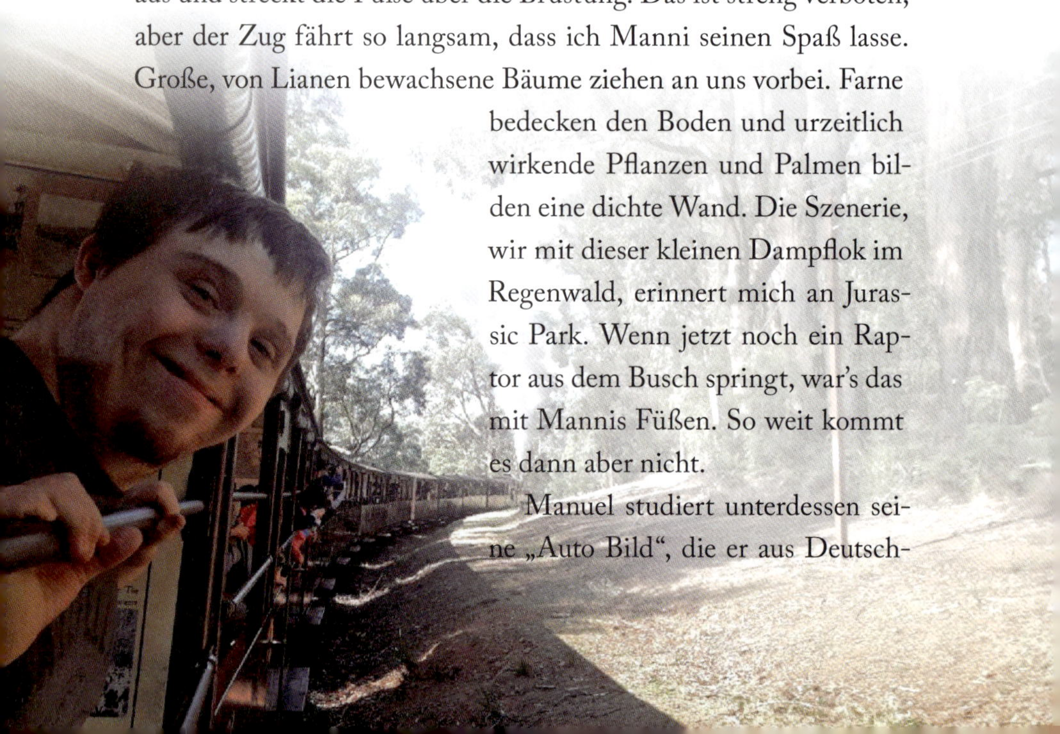

land mitgebracht hat. Er hat keine Lust auf wilde Natur, blättert sich lieber durch die neusten PKW-Modelle aus Stuttgart und München. Das ärgert mich, darum will ich Manni die Zeitschrift wegnehmen. Er soll jetzt bitteschön den großartigen Regenwald genießen!

Manuel steckt seine Auto Bild missmutig zurück in seinen Rucksack und schmollt. Seine Zeitschrift genießt er jetzt nicht mehr – aber den Regenwald auch kein bisschen. So habe ich mir das nicht vorgestellt. Meine Doppelrolle als Pädagoge und Freund fällt mir gerade schmerzhaft auf die Füße. Dass Manuel seine ganz eigene Sicht auf die Dinge hat, vergesse ich regelmäßig.

Nachdem Puffing Billy uns 24 Kilometer durch den Regenwald chauffiert hat, kehren wir wieder zu unserem Ausgangspunkt zurück. Bei der Verabschiedung schenkt uns Jenny zwei kleine Stoffkängurus. Ich bedanke mich artig, doch Manuel ist von der kleinen Aufmerksamkeit gar nicht begeistert.

„Ne, das kann sie behalten.“

Ich raune ihm zu: „Das ist doch bestimmt ein schönes Geschenk für deine Mutter, oder?“ Das überzeugt ihn offenbar, und so haben wir einen Glücksbringer mehr. Auf dem Weg zum Auto gibt es noch eine kleine Diskussion mit den Sicherheitsleuten. Da sei eine Drohne ohne Genehmigung geflogen. Wir stellen uns dumm, entschuldigen uns brav und kehren mit tollen Drohnenaufnahmen zurück nach Melbourne. Unser letzter Abend dort.

Am nächsten Morgen versuchen wir das Chaos, das eine fünfköpfige Männer-WG in ein paar Tagen anrichten kann, so gut es geht zu beseitigen. Eine bedenklich große Anzahl Bierflaschen bedeckt die komplette Arbeitsfläche und einen Teil des Küchenbodens. Pizzakartons, die nicht mehr in den Müll passen, stapeln wir daneben. Manni meckert, dass wir das Flaschenpfand einfach herschenken. Ich erkläre ihm, dass der Bundesstaat Victoria gar kein Pfandsystem hat, dann checken wir hastig aus.

Unser nächstes Ziel heißt Geelong, 75 Kilometer südwestlich von Melbourne. Wir sind wieder am Meer und haben hier die Adresse Little Malop Street 60 ins Navi eingegeben: Das Back to Back Theatre. Wie ein Theater sieht der unscheinbare Bau nicht aus. Eine junge Frau mit einer großen roten Brille begrüßt uns. Aufgeregt stellt sie sich vor und möchte wissen, wer wir sind und was wir machen.

Fast alle Schauspieler des Back to Back Theatres haben eine geistige Behinderung. Die Behinderung wird hier als Teil der Persönlichkeit verstanden und nicht als Makel. Das Ensemble tritt seit 30 Jahren auch international auf und gewann schon Preise in Tokio, London und New York. Wir dürfen bei einem Impro-Workshop mitmachen. Manni kann noch nicht so viel mit dem Ganzen anfangen und gibt mir zu verstehen:
„Julius, ich bin müde."

Er müsse sich *jetzt* hinlegen, nein sitzen reicht nicht, er müsse wirklich unbedingt liegen. Prompt wird von den Teilnehmenden eine Bank geholt, sie besorgen Kissen und Manuel kann den Vorbereitungen des Workshops wie Cäsar von seiner Liege aus verfolgen. Nachdem die Vorbereitungen abgeschlossen sind und ein großer Stuhlkreis aufgebaut wurde, betreten wir einen komplett schwarz gestrichenen Raum, groß wie eine Turnhalle und voller Requisiten.

Jetzt sieht es nach Theater aus. Auch Manni, unser kleiner Pascha, ist plötzlich wieder fit und die Runde aus 20 Teilnehmern ist gespannt, wer wir sind. Manni stellt sich vor, auf Deutsch:

„Mein Name ist Manuel. Ich komme aus Kiel. Ich mag Schwimmen gerne, Partys und Ladys aber auch.“

Auch die anderen Teilnehmer stellen sich kurz vor. Einige können nicht sprechen und lächeln einfach schüchtern, bei anderen sprudelt es nur so heraus. Das Workshop-Thema heißt Stadt. Jeder darf eine Station aufbauen und eine Rolle spielen, die ihm liegt. Da ist eine junge Frau mit Down-Syndrom, die mich gegen 50 Dollar Spielgeld mit einer neuen Frisur ausstattet. Ich entscheide mich für eine blonde schulterlange Perücke im Stil der Achtzigerjahre, welche ich für den Rest des Workshops konsequent weitertrage. Manni hingegen legt sich direkt auf eine Massagebank und lässt sich verwöhnen.

Danach heißt es aber auch für uns im Rahmen dieses Spiels Geld verdienen. Wir haben das „Manni-Motel“ eröffnet. Manuel erweist sich als knallharter Geschäftsmann. Eine Übernachtung: 10 Dollar. Frühstück kostet extra. Alice, die Chefdramaturgin des Theaters kann sich das Frühstück nicht leisten und Manuel auch nicht mit einer Sardinendose bestechen. Ich finde das Angebot fair, doch Manuel erwidert:

„Julius, bitte! Lass mich machen, ich bin Chef!“

Er geht voll in seiner Rolle auf... und wir haben eine Kundin weniger.

Nach dem Workshop spreche ich noch mit Dramaturgin Alice. Ihr Ansatz ist die Kunst selbst, nicht so sehr Mitgefühl oder Therapie. Sie geht davon aus, dass Menschen mit Behinderungen ein echtes Feuerwerk interessanter Ideen sind und ihre Art, die Welt zu betrachten, viel spannender sein kann, als die der sogenannten normalen Menschen. Das sehe ich auch so: Menschen mit Down-

Syndrom sind eine Bereicherung in der Kunst, nicht nur auf der Theaterbühne, sondern in den Medien generell.

Rampenlicht

Hier hat sich in den letzten Jahren auch schon einiges getan. Z.B. im Film »The Peanut Butter Falcon« von 2019. Die Hauptrollen spielen Shia LaBeouf und Zack Gottsagen, der das Down-Syndrom hat. Den Film haben Manni und ich nach der Reise natürlich im Kino gesehen und konnten in diesem fiktiven Roadmovie so manche Parallele erkennen. Ein Film, der sich lohnt und dafür sorgte, dass mit Zack Gottsagen erstmals in der Geschichte ein Mensch mit Down-Syndrom bei den Oscar-Verleihungen war. Auch in Deutschland gibt es mit Luisa Wollisch oder Sebastian Urbansik gute Schauspieler mit Down-Syndrom. Und mit der Australierin Madeline Stuart hat ein Model mit Trisomie 21 die internationalen Laufstege erobert. Ich hoffe, dass die mediale Präsenz noch größer wird und auch wir mit unserer Reise unseren Beitrag dazu leisten können.

Kapitel 4

„Hilf mir, ich habe Angst, dass es mich anboxt"

Out where the river broke
The bloodwood and the desert oak
Holden wrecks and boiling diesels
Steam in forty five degrees

Beds are burning, Midnight Oil

Dacelo novaeguineae

Lachender Hans

Wir fahren weiter nach Gerogery, ein kleines Nest in New South Wales. Ich bin froh, die Stadt hinter mir zu lassen. Nach dem vollen Programm wird es Zeit zu entschleunigen. Laut Navi sollen wir schon abends in Gerogery sein. Manuel startet auf der Rückbank einen Film und hält keine fünf Minuten durch. Dann schläft er ein. So viele Eindrücke, so viele Gesichter. Das ist er nicht gewohnt und wir müssen aufpassen, dass es nicht zu viel wird. Wir kommen gut voran, die Häuser werden kleiner und der Verkehr weniger. Die typischen Schilder, die oft als Postkartenmotive nach Europa gelangen, säumen den Straßenrand in Originalgröße. „Road Trains 53,5 meters long“, „Emu next 10 km“, „Wildlife, 65km/h dusk to dawn“. Schönste Australien-Folklore.

Besonders ins Auge fallen mir die großen Schilder.

„FIRE DANGER RATING TODAY“

Auf einer Skala zeigt ein verstellbarer Pfeil die Buschfeuergefahr an. Aktuell ist der Pfeil zwischen „Severe“ und „Extreme“. Kein Tag für ein Lagerfeuer. Es riecht auch nach Rauch, aber ein Buschfeuer sehen wir nicht. Dass uns das Feuer noch näherkommen wird, als uns lieb ist, ahnen wir zu dem Zeitpunkt nicht.

Tanja hat uns nach Gerogery auf ihre Farm eingeladen. Die deutsche Auswanderin las bei einem Besuch in der Heimat in der Zeitung von unserem Vorhaben und schrieb uns direkt auf Facebook. Es ist schon dunkel, als wir ankommen. Den Ort zu finden war leicht, die Farm zu finden nicht. Hausnummern sind hier selten und gut versteckt. Während ich das Tor öffne, begrüßt uns affenartiges Gelächter aus den Eukalyptusbäumen. In der Dunkelheit erst schwer zu erkennen, entpuppen sich die vermeintlichen Affen als Kookaburras. Die großen Eisvögel, auch Lachender Hans genannt, machen ihrem Namen alle Ehre.

Tanja, klein, mit blondem Pferdeschwanz, ahnt, dass wir nach dem Trip Hunger und Durst haben. Wir steigen also in ihren Pickup um und fahren direkt über die Weiden der Ranch Richtung Pub. Manni sitzt vorne auf dem Beifahrersitz und ich mache es mir hinten auf der Ladefläche bequem. Der Vorteil bei dieser Route: Kein Verkehr und keine Kontrolle, wenn man nach einem Abend im Pub wieder heimfährt. Bei einem Stacheldrahtzaun endet die Fahrt. Da müssen wir jetzt hinüberklettern.

Manni stellt sich erst quer. Das ist ihm jetzt entschieden zu anstrengend, zu hoch, zu gefährlich. Aber hungrig ist er halt auch und so lässt er sich von mir in einer ungewollt komischen Choreografie über den Zaun hieven und wir schaffen auch die letzte Hürde zur Bar. Mir reißt das Manöver noch zwei Löcher in den Pullover. Im Pub riecht es nach Tabak und fettigem Essen, die Stimmung ist feucht-fröhlich. In der Ecke steht eine Jukebox, daneben hängt ein Bild von dem Outlaw Ned Kelly, am Tresen sitzen Männer mit Bärten und Cowboyhüten. Wir bestellen zwei viel zu große Schnitzel mit einer Überdosis Pommes und kommen direkt mit den anderen Gästen ins Gespräch. Manni ist mal wieder, ohne ein Wort Englisch zu sprechen, der Türöffner und nimmt ungefragt einen Einheimischen in den Arm.

Hier lernen wir auch Georgina kennen. Die Freundin von Tanja findet unser Abenteuer großartig. Georgina erregt meine Neugier, weil sie selbst Mutter eines Sohnes mit Behinderung ist. Ich freue mich, dass wir ihre Familie in den nächsten Tagen besuchen und

auch in die Schule gehen können. Das alles verabreden wir bei dem einen oder anderen Bier. Es wird mal wieder spät an diesem Abend.

Vor dem Schlafengehen auf Tanjas Hof merkt Manuel, dass er irgendwo seine Nachtlampe vergessen hat. Er ist den Tränen nah und will nun bei voller Beleuchtung schlafen. Hier lege ich jetzt mein Veto ein.

„Wovor hast du Angst, Manni?“

„Wenn es dunkel ist, bin ich so alleine…“

„Hör mal, ich bin doch die ganze Zeit bei dir. Du bist nicht allein und ich lasse dich auch nicht allein.“

Tatsächlich teilen wir uns schon wieder ein Doppelbett und ich könnte etwas Privatsphäre ganz gut gebrauchen. Da muss ich jetzt zurückstecken, aber dann bitte wenigstens im Dunkeln.

Die Diskussion zieht sich noch ein bisschen, bis er einsieht, dass er damit heute nicht durchkommt. Vielleicht brauchte er auch einfach nur die Bestätigung, dass ich wirklich immer für ihn da bin. Als das Licht dann ausgeht dauert es keine fünf Minuten, bis er schläft. Ich glaube, der Verlust seiner Nachtlampe ist notwendig für seine Entwicklung. Er will immer als Erwachsener ernstgenommen werden. Besonders wenn er sich bevormundet fühlt, pocht er darauf, dass er schon 25 ist und damit alt genug. Auf der anderen Seite lässt er sich liebend gerne seine Brote schmieren und kostet all die Vorteile aus, welche das Kindsein so mit sich bringt. Inklusive rotes Nachtlicht von Disney Cars.

Fördern und fordern

Das richtige Maß zwischen Fürsorge und Verhätschelung zu finden, ist nicht leicht. Doch das ist ein wichtiger Aspekt im Umgang mit Menschen, die sehr viel Hilfe und Unterstützung brauchen. Deshalb ist es umso wichtiger, dass sie in den Fähigkeiten, die sie haben, gefördert, aber auch gefordert werden. Diese zwei Pünktchen über dem O machen im Alltag einen riesigen Unterschied. Ich hätte mir lange Diskussionen mit Manni, viele Nerven und noch mehr Zeit ersparen können, wenn ich dieses oder jenes »einfach mal schnell« für ihn gemacht hätte – Dinge die ich ihn dann aber doch selbst machen ließ, damit er sich nicht länger lamentierend davor wegducken konnte.

Dass Eltern irgendwann den leichteren Weg gehen, kann ich sehr gut nachvollziehen. So schnell will ich ihn aber nicht davonkommen lassen. Ich weiß, was er kann und Manni selbst auch. Wir wissen aber auch beide, dass er einfach faul sein kann und das Argument »Das ist immer so!« lasse ich bei unserer gemeinsamen Zeit nicht durchgehen. Denn die Reise soll zeigen, was möglich ist, und das auf vielen Ebenen. Dass Eltern oft nicht die Zeit oder Kraft haben, so konsequent zu handeln, ist mir bewusst. Bei mir sind es ja auch nur zwei Monate. Mannis Nachtlicht findet sich übrigens am nächsten Tag wieder an, aber es wird nie wieder gebraucht.

Der Morgen startet mit einem deftigen Frühstück, ganz nach Mannis Geschmack. Rühreier mit Speck. Heute wollen wir Tanjas Farm erkunden. Das echte Bauernhofleben, von dem Manni schon zuhause immer so schwärmte. Auf uns wirkt die Farm wie ein großer Abenteuerspielplatz. Der Teich vor dem Haus ist von hohen Bäumen umgeben, in denen sich ein Schwarm Kakadus eingenistet hat. Ringsherum beginnt das Farmland. 550 Hektar sind für australische Verhältnisse zwar klein, dafür ist der Boden im Gegensatz zu den riesigen australischen Farmen im Outback fruchtbar. Während unseres Besuchs herrscht aber auch hier Dürre. Die macht es Tanja und ihrem Mann Barry nicht leichter, ihre 200 Rinder und 400 Schafe zu versorgen.

Manni und das Bauernhofleben begegnen sich sogleich sehr konkret. Wir dürfen uns „nützlich“ machen und ein Kalb mit der Flasche füttern. Ich zeige Manni kurz, wie es geht, dann ist er an der Reihe. Sichtlich unwohl hält er dem hungrigen Tier die Flasche hin und ruft mich direkt zur Verstärkung herbei.

„Julius, hilf mir mal, ich habe Angst, dass es mich anboxt!“

Kaum bin ich zur Stelle, überlässt er mir erleichtert die Flasche.

„Nee, das mag ich nicht!“, schimpft er und verlässt mit einem großen Sabberfleck an der Hose den „Gefahrenbereich“. An ihm ist kein kommender Tierpfleger verloren gegangen.

Manni ist eher ein Mann der Maschinen. Der große rote Traktor springt ihm direkt ins Auge und Barry lädt ihn spontan zu einer Spritztour ein. Manuel ist restlos begeistert und grinst über das ganze Gesicht. Danach geht es eine Nummer kleiner mit einem Quad weiter. Manni springt auf das Gefährt und ich gebe Gas.

Als wir von unserer staubigen Farmrundfahrt zurück sind, stöbere ich allein auf dem Hof herum. Unter einer alten Plane höre ich etwas rascheln und sehe mir die Sache genauer an. Eine braune Schlange lugt unter ihr hervor. Tatsächlich die erste Schlange, die ich hier in Australien sehe. Sofort zücke ich mein Handy und gehe auf einen Meter heran, damit ich sie groß genug im Bild habe. Die Schlange merkt, dass ich etwas zu neugierig werde und macht sich davon. Erst jetzt sehe ich, wie groß sie eigentlich ist, nehme in meinen Flip-Flops die Verfolgung auf und schieße ein paar Bilder, bis das Reptil unter einem toten Baum verschwindet. Später zeige ich Barry stolz meine Fotos.

Der wird blass, schaut mich todernst an und fragt nur, wo genau ich die Schlange gesehen habe. Es handelte sich bei diesem Exemplar um eine Brown Snake. Eine der giftigsten Schlangen der Welt und ich laufe ihr fast barfuß hinterher, wie das letzte Greenhorn.

Nur für ein gutes Foto, das war mal richtig dumm. Später erfahre ich, dass vor einiger Zeit der Hofhund und erst letzte Woche in dieser Gegend ein Mann in meinem Alter an dem Biss einer Brown-Snake gestorben ist. Schwein gehabt...

Manni hat sich inzwischen mit dem Nachfolgehund angefreundet. Auch wenn er oft laut und ungestüm ist – er kann auch leise und achtsam. Vor dem Sofa kniend, flüstert er dem kleinen Jack Russell zu und krault liebevoll seinen Bauch. Schön zu sehen, wie beruhigend Tiere wirken können und ich finde, man sollte sie viel gezielter in der Pädagogik einsetzen.

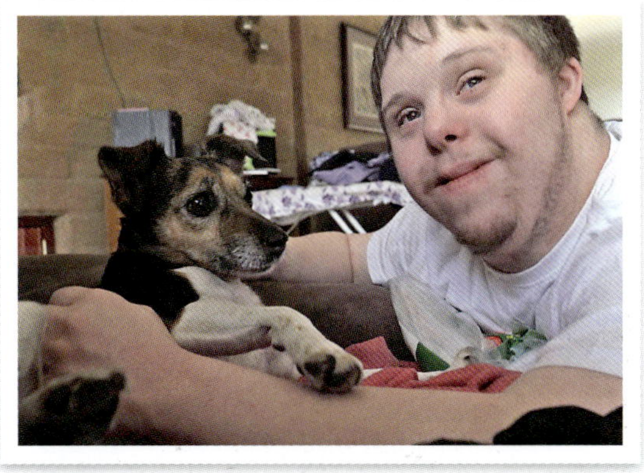

Die Ereignisse des Tages beschäftigen mich am Abend noch und ich beschließe, mit Manuel über die Gefahren der heimischen Fauna zu sprechen. Damit renne ich allerdings offene Türen ein und muss aufpassen, dass Manni nicht direkt auf den nächsten Flieger gen sichere Heimat umbuchen will. Hier zahlt es sich mal aus, dass Manni ein kleiner Angsthase ist.

Am nächsten Tag gehen wir zur Schule. Ich bin neugierig zu erfahren, wie man hier in Australien mit dem Thema Inklusion umgeht. In der örtlichen Grundschule treffen wir Georgina mit ihrem Sohn Anges wieder. Er ist dort das einzige Kind mit Behinderung, der voll integriert an allen Aktivitäten teilnimmt. Seine Mutter war sich schon vor der Geburt sicher, ihren Sohn hier einzuschulen. Auch als klar war, dass er eine Behinderung hat.

„Der Neurologe sagte mir damals, dass mein Kind nie etwas könne“, erzählt Georgina mir, „Kein Sachkunde, keine Mathematik und er würde auch nie laufen können.“ Stolz fügt sie hinzu: „Da sieht man mal!“

Mittlerweile ist er im letzten Jahr der Grundschule.

Auch wenn die genaue Ursache seiner Behinderung bis heute ungeklärt ist, hat er sich entgegen allen Prognosen sehr gut entwickelt. Sein Klassenlehrer bestätigt diesen Eindruck. „Er entwickelt sich weiter und wenn er Letzter bei etwas ist, kümmert es ihn nicht, sondern er freut sich, dass er mit dabei sein kann. Beim Basketball konnte er anfangs den Ball nicht mal prellen – und jetzt ist er einer der Besten!“

Und wirklich. Als die Kinder eine Freistunde haben, teile ich die Klasse in zwei Mannschaften auf. Team Manni gegen Team Julius. Anges ist natürlich auch dabei und spielt ganz selbstverständlich mit.

Beispiel für Inklusion

Mir gefällt das. Anges kommt mir wie ein Beispiel für vorbildliche Inklusion in der Schule vor. Allerdings sind die Rahmenbedingungen hier auf dem Dorf auch günstig. Georgina kannte den Schulleiter schon, bevor sie Mutter wurde. Die Klassen sind klein und die Lehrer stehen nicht allein vor ihren Schülern.

So könnte Inklusion auch in Regelschulen klappen. Das gelingt allerdings nicht bei jeder Form von Behinderung. Wenn die Rahmenbedingungen gegeben sind, funktioniert Inklusion an Schulen. Wenn nicht, kann es unter Umständen sehr belastend für alle Beteiligten werden. Diese Gedanken gehen mir durch den Kopf, während wir auf dem Schulhof unsere Körbe werfen.

Zugleich braut sich unweit der Schule etwas zusammen. Der Schulleiter ist besorgt und läutet die Schulglocke auf dem Hof. Es sind gleich vier Buschbrände um die Schule ausgebrochen, eines der Feuer kommt immer dichter und die ersten Straßen wurden schon gesperrt. Auch wenn die Schüler routiniert reagieren, ist die Anspannung zu spüren. Mir wird etwas mulmig. Wie wird Manuel auf die Situation reagieren?

Auch Tanja ist alles andere als entspannt. Jetzt muss gehandelt werden. Die Eltern werden kontaktiert, um die Kinder aus der Gefahrenzone zu bringen und auch wir müssen uns verabschieden und die Schule verlassen. Laut Tanja kann die Situation durch die lange Dürre und den starken Wind sehr schnell außer Kontrolle geraten. Da die Berufsfeuerwehr in der ländlichen Gegend nicht so schnell zum Einsatzort kommt, engagieren sich hier viele in der Freiwilligen Feuerwehr, so auch Tanja.

2009 hat ein Buschfeuer den Großteil der Gemeinde in Schutt und Asche gelegt. Auch ein Gebäude auf Tanjas Hof fiel den Flammen zum Opfer. Das sitzt noch tief in den Knochen. Zuhause angekommen springt sie in ihre Feuerwehrkluft und begibt sich direkt zur Wache. Manuel nimmt die Situation zum Glück sehr gelassen, keine Spur von Angst, eher Neugier. Wir können sogar mit sicherer Entfernung bei der Brandbekämpfung zuschauen. Von einer Anhöhe sehen wir, wie sich die Feuer mit großen Rauchschwaden durch die Felder fressen.

Inzwischen ist das Lokalfernsehen eingetroffen, um möglichst viele Einwohner zu warnen. Die Löscharbeiten ziehen sich bis in den späten Abend. Als Tanja zurückkommt, sehe ich in ihrem verrußten Gesicht die Anstrengung, aber auch ein Lächeln. Entwarnung, es gibt noch kleine Lichtpunkte am Horizont, aber die Feuer sind unter Kontrolle. Manuel schaut die abgekämpfte Tanja besorgt an und sagt ihr:

„Du bist eine alte Frau, du musst dich schonen!"

Wir überhören diese uncharmante Bemerkung gekonnt.

Beim nächsten Sonnenaufgang begleite ich Barry auf seine Weiden, dort wo das Feuer stärker gewütet hat. Eine große Staubwolke hinter uns herziehend, fahren wir mit dem Pickup über den aschebedeckten Boden. Auf der Ladefläche stehend, halte ich mich an dem großen Wassertank fest und betrachte, was das Feuer hier angerichtet hat. Mit diesem improvisierten Löschzug stoppen wir da, wo es noch qualmt und löschen einzelne Glutherde oder glimmende Baumstämme.

Als wir wieder zurück sind, liegt Manuel noch in den Federn und so überlege ich nicht lange, als Barry mich als Dankeschön zu einem Rundflug über sein Land einlädt. Viele Farmer hier besitzen einen Pilotenschein. Die einmotorige Maschine hat Platz für zwei und wir rumpeln mit Vollgas über die kleine Startbahn, bis wir kurz vor deren Ende abheben und steil in die Luft steigen. Aus der Vogelperspektive sieht die ockerfarbene Landschaft noch weiter aus und

zieht sich bis zum Horizont. Barry teilt mir über Funk mit: „Hier war gestern der wärmste Tag seit der Wetteraufzeichnung." Und fügt nachdenklich hinzu: „Das sind die Folgen des Klimawandels, die man hier direkt mit allen Konsequenzen zu spüren bekommt, deshalb kläre ich auch andere Farmer auf und versuche ein Bewusstsein zu schaffen."

Jetzt drückt er den Steuerknüppel nach unten und wir sausen im Tiefflug über die Felder, bis wir die, für meinen Geschmack viel zu kurze, Landebahn ansteuern. Überraschend weich setzen wir auf, aber ich bin trotzdem froh, noch nicht gefrühstückt zu haben. Das hole ich dann mit Manni nach, der mich schon ungeduldig erwartet. Nach seiner kurzen Standpauke, dass ich nicht einfach so wegfliegen darf, bessert sich seine Stimmung, als er das Frühstück von Tanja serviert bekommt.

Heute dürfen wir uns als Cowboys versuchen. Eine Rinderherde soll auf eine andere Weide getrieben werden. Dafür müssen ein paar Straßen und andere Felder überquert werden. Pferde haben wir zwar nicht, aber dafür das Quad. Manni sieht das Manöver mit großer Skepsis: Man kann doch nicht einfach Kühe über eine Straße treiben. Da sind Autos, das ist gefährlich! Mitmachen will er natürlich trotzdem und so ruckeln wir als Zweiergespann hinter den Kühen her und passen auf, dass die Herde zusammenbleibt. Barry sichert auf dem Motorrad die andere Seite. Auch wenn mir durch Mannis Zangengriff ab und zu die Luft wegbleibt, haben wir riesigen Spaß und meistern die Mission mit Bravour. Sogar Barry lobt uns mit einem dezenten Nicken.

Auf dem geliebten roten Trecker darf Manni auch noch mitfahren, um Heuballen zu verteilen. Als er auch diese Aufgabe erfüllt hat, klettert er unbeholfen runter, läuft geradewegs auf mich zu und nimmt mich in den Arm. Er ist restlos glücklich.

„Was würde ich nur ohne dich machen?"

„Auf jeden Fall nicht nach Australien fahren..." Etwas Besseres fällt mir in dem Moment nicht ein.

Aber was würde er denn jetzt machen, zuhause? Vermutlich in der Kantine der Behindertenwerkstatt arbeiten und dem Feierabend entgegenfiebern. Auch ich würde jetzt bei meinem Schichtdienst in einem Wohnheim für Menschen mit Behinderungen genauso auf den Feierabend warten. Was für ein Kontrast ist dagegen unsere Tour unter dem Kreuz des Südens. Wir sind beide froh, hier sein zu dürfen und wissen, wie einmalig das ist. Am Abend sitzen wir mit einem kühlen Bier auf der Veranda und betrachten die untergehende Sonne, die sich im Teich spiegelt.

Manuel blinzelt mich an:

„Arbeiten und wohnen können wir doch auch hier. In Australien!"

Egal wie unrealistisch das eigentlich ist, in diesem Moment spricht er mir aus der Seele. Ich proste ihm zu und sage feierlich:

„Ja, wir werden hier noch richtige Farmer!" Manni klatscht in

die Hände und strahlt eine kindliche Freude aus, die auf mich überspringt. Die Farm ist jetzt schon ein Highlight und hier könnten wir den Rest der Reise verbringen. Aber wir haben ja noch so viel vor.

Am nächsten Tag sitzen wir am Frühstückstisch und Tanja hat eine Überraschung.

„Manni, du hast die letzten Tage so oft davon gesprochen, dass du mal selber fahren möchtest, wollen wir heute Auto fahren?“

Manni blickt erst sie, dann mich an und antwortet mit einem ungläubigen:

„Ja!“.

„Dann kannst du mithelfen, die Kühe zu füttern“.

Anscheinend merkt er jetzt, wie ernst sie das meint. Nach einem skeptischen, langgezogenen „Okaaay…“ , merkt er noch an. „Ich habe einen Tipp… du hilfst mir dabei!“

Die weitläufige Farm ist das ideale Testfahrtgelände für Manuel. Zum ersten Mal ein Auto lenken! Wie oft hat er schon in Deutschland davon geredet. Hier geht es nicht nur darum, einfach mal ein bisschen Gas zu geben. Für Manuel geht es noch eine Ebene weiter. Ich weiß, wie sehr er sich wünscht, Dinge zu tun, die für andere Menschen in seinem Alter ganz normal sind. Feiern gehen, einkaufen und ganz besonders Autofahren. Wenn man Auto fährt, gehört man dazu, dann ist man selbständig, dann ist man erwachsen.

Hier kann er diese „Normalität“ ausleben. Als er im Pickup sitzt, ist die Aufregung schnell verflogen und Manni stellt mit der Routine eines New Yorker Taxifahrers den Rückspiegel ein. Stolz wie Oskar schleicht er im Schneckentempo über die Weide und Barry verteilt die Heuballen von der Ladefläche. Ich fahre mit dem Quad nebenher und feuere ihn an, werde aber keines Blickes gewürdigt und bekomme aus der Fahrerkabine nur ein:

„Ich muss aufpassen!" an den Kopf geworfen. Von einer Herde Kühe verfolgt, dreht Manni seine Runde auf der Weide, bis alle Ballen verteilt sind. Auch die Mission ist gemeistert und Manuel wieder ein Stück weiter an dieser Reise gewachsen.

An unserem letzten gemeinsamen Tag auf der Farm wird es nochmal spannend. Tanja zeigt auf ein Wäldchen unweit der Farm und erklärt, dass dort Kängurus leben, die wir mit Glück beobachten können.

„Die wohnen da?" fragt Manni skeptisch. „Die springen doch alle weg, die haben Angst."

„Ja, das kann sein, die kennen Menschen nicht so gut", erwidert Tanja. Man könnte jetzt sagen, dass man die dann ja lieber in Ruhe lassen sollte, aber nicht Manni, dem das Autofahren scheinbar ein bisschen zu Kopf gestiegen ist. Knallhart erwidert er:

„Dann kann man da ja mit dem Auto reinfahren und die tot machen und dann kann man sie aufessen!"

Aber das Auto darf nicht mit auf unsere Pirsch in den Wald. Ich fühle mich wie Andreas Kieling und schleiche in meiner olivfarbenen Montur durch das Unterholz. Gefolgt von dem Kamerateam und Manni in einer knallblauen Jacke. Wir legen uns bei einem großen umgestürzten Baum auf die Lauer und warten… und warten. In dem Moment, wo Manni die Geduld verliert und das ganze Unterfangen in Frage stellen will, sehen wir vereinzelte Schatten durch das Unterholz hüpfen.

Die ersten Kängurus, die wir zu Gesicht bekommen! Erstaunlich unbeschwert und ohne erkennbare Anstrengungen jagen sie in weiten Sprüngen durch den Wald. Es sind graue Riesenkängurus, die unbeeindruckt von uns, zu fressen beginnen. Von Mannis Mordphantasien können sie ja auch nichts ahnen. Der findet die Beuteltiere nun doch ganz sympathisch und beobachtet sie interessiert. Als wir wieder zurück sind, resümiert er:

„Das hat Spaß gemacht!“ und ahmt immer wieder die hüpfenden Kängurus nach, nicht ganz so formvollendet natürlich.

Die Sonne taucht die Landschaft in ein tiefes Rot und Barry beginnt das Lagerfeuer anzufachen. Der in einem Erdofen stundenlang gegarte Lammbraten ist nun auch fertig und schmeckt uns

großartig. Wir sprechen über die vergangenen Tage und werden ein bisschen wehmütig. Als es dunkel geworden ist und der Vollmond am Himmel steht, beschließt Manni eine Rede zu halten.

Das macht er gerne mal, wenn ihm der Anlass passend erscheint.

„Wir sitzen hier am Lagerfeuer. Auf diesem tollen Hof hier, das hat Spaß gemacht. Tanja, die Frau war so nett und hat so toll Essen gemacht. Ganz super!"

Ich habe dieser kleinen Ansprache nichts hinzuzufügen und wir stoßen auf die gemeinsame Zeit an. Wir werden es erst nach der Rückreise genau wissen: Diese Tage auf der Farm von Tanja und Barry gehörten zu den schönsten unserer Tour durch Down Under.

Kapitel 5

„My name is Manuel“

99 Luftballons auf ihrem Weg zum Horizont
Hielt man für UFOs aus dem All

Nena, 99 Luftballons

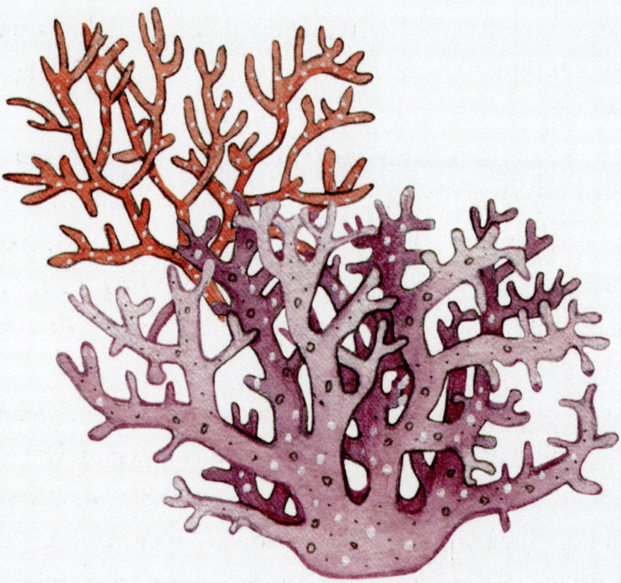

Am nächsten Morgen heißt es Abschied nehmen, von der Farm und von Tanja und Barry. Wir versprechen wiederzukommen, eines Tages, und fahren in einer rötlichen Staubwolke davon.

Nach fünf Stunden Fahrt hat uns Melbourne zurück und wir verbringen hier ein paar Tage. Check-in im Space Hotel, Julia hat wieder ihre Finger im Spiel, das heißt: Hotel, Fitnessstudio und Whirlpool auf dem Dach inklusive. Nur das mit den getrennten Betten bleibt ein unerfüllbarer Wunsch. Als Manni beim Abendessen von der hauseigenen Disco erfährt, muss er sich die Sache natürlich genauer ansehen.

Der Eingang ist separat und als wir uns in die Schlange stellen, winken uns die Türsteher durch. Manuel öffnet uns mal wieder Türen. Wir kommen mit anderen Backpackern aus Deutschland ins Gespräch und stoßen auf das an, was uns alle verbindet: Die Freiheit und das Reisen. Heute ist Karaoke-Abend und der DJ ruft unsere neuen Bekanntschaften auf die Bühne. Nach ihrem Gesangsversuch passiert das, was ich insgeheim befürchtete.

„Oh ja! Das will ich auch!“, ruft Manuel mit glänzenden Augen.

„Ne, Manni, echt nicht, der Tag war lang, lass mal gut sein!“

Singen ist überhaupt nicht meine Stärke, mir ist so etwas immer total unangenehm. Aber Manuel hat sich Unterstützung bei unserer Gruppe geholt, fragt mit zusammengekniffenen Augen „Bist du ein Weichei, Julius?“

Anschließend ruft er so lange meinen Namen, bis ich nachgebe. Als ich den DJ nach deutschen Songs frage, stellt sich heraus: Er hat nur Nenas „99 Luftballons“ auf Lager. Manni versichert mir, dass er den Song kennt. Mein Plan: Ihn einfach machen lassen und im Hintergrund bleiben. Ich stürze noch mein Bier runter, dann wird's ernst. „Please, welcome Manuel and Julius with *99 Luftballons*!"

„Hast du etwas Zeit für mich, dann singe ich ein Lied für dich… mit 99 Luftballons… auf ihrem Weg zum Horizont."

Nachdem ich die erste Strophe geleiert habe, merke ich, dass Manni keinen Schimmer vom Text hat. Als der Beat einsetzt, fängt das Publikum an im Takt zu klatschen. Mir ist das alles schrecklich peinlich, aber da müssen wir jetzt durch. Oder vielmehr ich, denn Manni kommt jetzt erst richtig in Fahrt. Streckt die Faust in die Luft, heizt das Publikum noch weiter an und steigt im Refrain zu spät aber dafür umso lauter ein… „99 Luftballons!" Sorry, Nena!

Als meine längsten vier Minuten der ganzen Reise vorbei sind, gibt es für unsere unterirdische Darbietung auch noch Applaus. Mit hochrotem Kopf gehe ich von der Bühne an den Tresen und ordere erstmal einen Schnaps. Mikhele grinst mich an.

„Das war gar nicht mal so gut."

Finde ich auch, im Gegensatz zu Manni, der anscheinend mit allem durchkommt und sich noch eine Weile vom Publikum feiern lässt. Unter Protest schaffe ich ihn dann in das Hotelzimmer, Schlafenszeit!

Morgens werde ich aus dem Bett geklingelt, Julia ist am Handy und stinksauer.

„Was war denn gestern Abend bitte bei euch los?!

„Keine Ahnung, was war denn los?", frage ich schlaftrunken zurück.

„Es wurde wegen euch ein Feueralarm ausgelöst und ihr habt einen Feuerlöscher geklaut!"

Jetzt versteh ich nur noch Bahnhof. Ich versuche sie zu beruhigen und verspreche, der Sache nachzugehen. Auf der anderen Seite des Flurs klopfe ich an das Zimmer von Jacob und Mikhele. Die Geschichte klärt sich schnell auf, auch wenn man sie nicht verstehen muss. Ihr Abend ging noch ein wenig länger und verlagerte sich auf das Hotelzimmer. Um auf ihre Kippen nicht verzichten zu müssen, wurde kurzerhand der Rauchmelder abgebaut...logisch. Die Bierlogik führte dann aber so weit, dass man im Falle eines Feuers ja gewappnet sein muss: Also den im Flur hängenden Feuerlöscher abhängen und mit ins Hotelzimmer nehmen.

Auf der Überwachungskamera war dann gut zu sehen, wie die beiden ihre Beute mit zwei Rucksäcken getarnt in ihr Zimmer schmuggeln. Dass zu dem Zeitpunkt ein stiller Alarm ausgelöst wurde, hätte man ahnen können. In kürzester Zeit stand die Feuerwehr vor dem Zimmer und die ganze Aktion flog auf. Der Hotelmanager erzählt den Vorfall am nächsten Morgen weiter, darum der entrüstete Anruf von Julia bei mir. Meine Rechtfertigung, dass ich schon alle Hände voll mit Manni zu tun habe und auf die zwei Banditen in meinem Tross nicht auch noch aufpassen kann, lässt sie nicht gelten. 500 australische Dollar müssen die beiden für ihren nächtlichen Schabernack bezahlen und dazu ihren ganzen Charme spielen lassen, damit wir nicht auf der Straße landen.

Nach dem Katerfrühstück geht es zum SBS Radio. Schon in Gerogery habe ich mit Zeitungen in Deutschland telefoniert. Das Interesse an unserem Abenteuer scheint nicht abzureißen. Jetzt also auch Radio. Im Foyer holt uns Sarah zum Interview ab. Sie macht bei dem deutschsprachigen Sender ein Auslandsvolontariat. Auch wenn die Hörer vermutlich nur die Hälfte seiner Sätze verstehen, merkt man, wie die Begeisterung in Manuels Stimme mitschwingt.

Sprechen mit Down-Syndrom

Wie bei vielen Aspekten des Down-Syndroms gibt es auch beim Sprechen und der Sprachverständlichkeit eine große Bandbreite. Einige sprechen sehr flüssig und sind gut zu verstehen, andere wiederum haben nur einen geringen Wortschatz oder sind schwerer zu verstehen. Das hat unterschiedliche Gründe. Aufgrund der Funktionsbeeinträchtigung der Sprechorgane, motorischen Unzulänglichkeiten und kognitiven Beeinträchtigungen kommt es öfter auch zu einer mangelhaften Verständlichkeit der Sprache. Viele Menschen mit Down-Syndrom hören auch nicht gut. Die Zunge ist vergrößert und die geringer ausgebildete Muskulatur beeinträchtigt auch deren Beweglichkeit und Kieferspannung. Daher steht der Mund häufig offen und die Zunge schaut ein Stück heraus. Das ist auch bei Manuel der Fall – und auch er benötigt ein Hörgerät. Anfangs musste ich mich auch erstmal bei ihm reinhören, nach einiger Zeit habe ich ihn dann aber sehr gut verstanden.

Nach dem Interview haben Manni und ich frei. Zum ersten Mal ganz ohne Kamera! Carsten fliegt zu seiner Familie auf den Philippinen, Mikhele und Jacob klinken sich auch für eine Woche aus. Manni und ich stellen fest: Unsere Vorstellungen, wie wir diesen Tag verbringen wollen, sind ziemlich entgegengesetzt. Manuel will ein Fußballspiel sehen. Ich will am liebsten einfach mal gar nichts machen. Aber der Hotelmanager hat eine andere Idee: Er empfiehlt uns das weltberühmte Melbourne Aquarium und drückt uns dafür zwei Freikarten in die Hand.

Mit der Straßenbahn bummeln wir Richtung Sea Life Center und verfahren uns heillos. Ich verkaufe ihm das als Sightseeing und wir sehen noch was von der Stadt. Manni ist bester Stimmung. Die schlägt dann im Aquarium um. Nach einer knappen halben Stunde hat er keine Lust mehr. Fische, so stellt sich heraus, findet er langweilig. Nicht mal der berühmte Haitunnel beeindruckt ihn. Pinjarra, eines der größten in Gefangenschaft lebenden Salzwasserkrokodile, lässt mich mit offenem Mund vor der Scheibe stehen und ihn … total kalt. Ich habe das Gefühl, dass der junge Mann gerade mal aus Prinzip alles blöd findet und jetzt nur noch seinen Dickkopf durchsetzen will.

Als ich für sein Empfinden zu lange vor einer Schautafel stehe, macht er sich davon und ich verliere ihn aus den Augen. Erst 20 Minuten später finde ich ihn schmollend bei den Quallen wieder. Spaß hat er nur am Souvenirladen. Das war's für uns beide mit den Wundern der Meere, genervt verlassen wir das Aquarium.

Was ich eigentlich so an Manni schätze, fordert mich mal wieder heraus. Er verstellt sich nicht und ist schonungslos ehrlich. Wenn er was nicht mag, lässt er nicht mit sich verhandeln. Und ich kann mir schenken, ihn von meinen Interessen überzeugen zu wollen. Das ist der falsche Weg. Vielleicht war es einfach naiv von mir zu glauben: Nur weil mich große Fische und Reptilien faszinieren, müsste es Manuel genauso gehen.

Unsere Reiberei ist dann auch bald überwunden und die dicke Luft verflogen. Als wir uns abends durch Melbourne treiben lassen, verirren wir uns, hungrig, wie wir sind, nach Chinatown.

Mal keine Pommes, dafür Ente mit Reis. Als ich ihm die Nachspeisen vorlese, will Manni unbedingt Hühnerfüße. Er hört nur Huhn, das reicht ihm. Ich verzichte auf genauere Erklärungen, unseren Streit im Aquarium habe ich doch noch nicht vergessen. Die exotische „Leckerei“ wird serviert und Manni greift zu. Umständlich an den Füßen rumknabbernd, legt er sie – von der geringen Ausbeute enttäuscht – zur Seite. Als ich ihn schadenfroh aufkläre, ist er genauso unbeeindruckt wie von dem Riesenkrokodil und gibt mir zu verstehen, dass ich auch schon mal lustiger war.

Am nächsten Morgen sitzen wir im Greyhoundbus Richtung Canberra. Ich freue mich darauf, die nächsten zehn Stunden zu dösen, Musik zu hören und die Landschaft an mir vorbeiziehen zu lassen.

Das bin ich: Julius

Der Diesel brummt, Stunde um Stunde, viel Zeit zum Nachdenken. Schmunzelnd schaue ich Manni an, der sich schon ins Reich der Träume verabschiedet hat. Ich reise 2018 mit einem jungen Mann mit Down-Syndrom durch »Down Under«. Noch vor ein paar Jahren wäre das für mich undenkbar gewesen.

In Koblenz 1989 geboren, kam ich mit drei Jahren in den hohen Norden nach Kiel. Der Vater Bauingenieur, die Mutter Krankenschwester, wuchs ich mit einer kleinen und einer großen Schwester auf. Die Kindheit war glücklich, aber Schule lag mir nie. Klassenclown und Klassensprecher schon eher. Das bewahrte mich aber nicht vor zwei Ehrenrunden und davor, die Schule mit einem unterirdisch schlechten Hauptschulabschluss zu verlassen. Ich konnte mich beim besten Willen nicht konzentrieren, wenn mich der Stoff nicht interessierte. Mir blieb schleierhaft, warum andere so einfach durchkamen.

Der Haussegen hing darum oft schief. Erst lange nach meiner Schulzeit, mit 31, erhielt ich die Diagnose: Aufmerksamkeitsdefizitsyndrom (ADS). Ich habe also auch ein Syndrom und mir wurde einiges klar. Mein Lehrer meinte damals zu mir: »Junge, wenn du dich nicht anstrengst, bleibt dir nur die Fremdenlegion!« Genau das war mein Plan. Abenteuerlust hatte ich schon immer, wollte weg von zu Hause, etwas sehen von der Welt. Die Zugtickets nach Straßburg zum Rekrutierungsbüro hatte ich schon gebucht.

Nur der Umstand, dass ich mich mit den Zimmerleuten gut verstand, die damals das Haus meiner Eltern renovierten, brachte mich glücklicherweise von diesem Vorhaben ab. Mir wurde eine Lehre angeboten und ich schlug ein... Statt Drill in der Kaserne, Drill auf dem Bau. »Du hast gerade dein Todesurteil unterschrieben«, sagte mein Ausbilder zynisch, nachdem ich den Vertrag in der Hand hielt. Und das war gar nicht mal übertrieben. Ich wurde wie ein Leibeigener behandelt und verbrachte schreckliche anderthalb Jahre auf dem Bau. Dann habe ich geschmissen.

Das gute Ende davon: Ich beschloss, die Schule nachzuholen. Als Autodidakt legte ich nach ein paar Monaten meine externe Realschulprüfung ab, machte anschließend Fachabitur und zog aus – bis mich wieder die Abenteuerlust packte. Ich ließ mich mustern, schrieb mich bei den Fallschirmjägern ein und machte in Seedorf meine Grundausbildung.

Anschließend habe ich dort aber auch meinen Dienst quittiert. Die Sinnsuche, wenn man es so nennen will, ging weiter.

Danach habe ich im Krankenhaus gejobbt und im Schichtdienst stumpf OP-Bestecke sterilisiert. Bald darauf, mit 24 Jahren, kam mir endlich eine bessere Idee: Menschen helfen! Also beschloss ich, Erzieher zu werden. So habe ich bald darauf Manni kennengelernt und während meiner Ausbildung nebenher mit ihm im Fitnessstudio trainiert, auf inklusiven Partys gefeiert und viele prägende Momente erlebt. Durch diesen engen Kontakt mit Manuel habe ich wesentlich mehr über Inklusion, Menschen mit Behinderungen und das Down-Syndrom gelernt als in meiner eigentlichen Ausbildung.

Nach bestandener Prüfung meldete sich das Fernweh wieder. Ich kündigte meine Wohnung, den Job in einer Jugendhilfeeinrichtung und berichtete Manni, dass wir uns einige Monate nicht sehen werden, weil ich weit wegfliege.

»Und warum nimmst du mich nicht mit?«, fragte er verständnislos.

So fing alles an: Mit einer Frage, die zunächst wie eine Schnapsidee klang. Ich versprach ihm, mir was zu überlegen. Die Monate, die ich 2016 mit dem Rucksack durch Südostasien reiste, öffneten mir Augen und Geist. Die Welt ist bunt, verrückt! Wenn man etwas wagt, kommt oft etwas Gutes dabei raus. Der Satz *»ich überlege mir was«* wurde zum Vorsatz. Ich notierte in meinem Reisetagebuch die ersten konkreten Gedanken. Als ich Manni nach meiner Südostasien-Reise wieder traf, haben wir beschlossen: Wir drehen zusammen ein großes Ding, am andern Ende der Welt!

Abends holt uns Julia auf einem Parkplatz in Canberra ab. Endlich angekommen in Australiens unbekannter Hauptstadt! Ihre schöne Wohnung liegt in einem Wohnkomplex mit Sauna, Dampfbad und Pool, genau richtig zum Ausspannen. Julia kocht Lasagne, die wir uns bei einem Wein schmecken lassen. Julias Verlobter Ed ist mir sympathisch, er und Manni verstehen sich auf Anhieb.

Zum Tagesabschluss schauen wir Rugby. Ed möchte uns den australischen Nationalsport erklären, dass klappt aber nur mäßig. Schon die *Rock Dogs* haben sich da die Zähne bei uns ausgebissen. Manni ist auch nicht wirklich regelfest. Gebannt schaut er zu und ruft empört:

„Guck mal, die haben den umgehauen, das dürfen die nicht. Foul! Gelbe Karte!“

Am nächsten Tag erkunden wir Canberra auf eigene Faust. Mit dem Bus geht es zum Parlament. Am Regierungssitz angekommen freut sich Manni mal wieder über eine Begegnung mit dem Sicherheitspersonal. Er steuert selbstbewusst auf einen grimmig dreinschauenden Zwei-Meter-Hünen zu, klatscht ihn lässig ab und lässt

ihn mit einem Lächeln im Gesicht zurück. Das hat er drauf, ich erlebe es nicht zum ersten Mal.

Im Foyer des Parlaments prangt das australische Wappen: Ein Känguru und ein Emu mit einem Schild in der Mitte. Keines der beiden Wappentiere kann rückwärts laufen – so symbolisieren sie, wie sehr Australien auf die Zukunft setzt, so wie auch die Nationalhymne „Advance Australia Fair“, auf Deutsch: Schreite voran, schönes, glückliches Australien!

Damit können wir zwei uns identifizieren, denke ich. Manni hat heute noch etwas anderes gelernt: My name is Manuel. Erst nur still vor sich hingemurmelt, sagt er diesen Satz nun bei jeder passenden und unpassenden Gelegenheit auf. Förmlich stellt er sich allen vor, die uns begegnen, vor allem bei Sicherheitsleuten und Reinigungskräften.

„My name is Manuel!“

Nachdem uns dann das halbe Parlament kennt, machen wir uns auf den Rückweg. Am Nachmittag gibt es „Wappentier auf Toast“. Wir sind mit Julia und Ed zum Barbecue im Park verabredet und probieren unser erstes Kängurusteak. Sehr mager, schmeckt ein wenig nach Wild und entschieden besser als Hühnerfüße. Anschließend relaxen wir am Pool, Ed lässt mit Manni den Wasserball durch die Luft sausen und ich entspanne in der Sauna. Mal nicht gefilmt zu werden, tut uns gut. Hier können wir Kraft sammeln für die nächste Reiseetappe.

Am Vorabend unserer Weiterreise lädt Julia zum deutschen Abend ein. Wir treffen uns mit einer Gruppe Mittzwanziger, die in Canberra arbeiten und diskutieren leidenschaftlich, was Australier von Deutschen unterscheidet. Es ist hier zum Beispiel üblich, dass die ganze Gruppe die Rechnung teilt und das Trinkgeld auf dem Tisch liegen lässt.

Von Heimweh keine Spur, dafür macht es uns Australien zu leicht. Nach diesem schönen Abschluss und genau aufgeteilter Rechnung heißt es mal wieder Abschied nehmen. Unsere Gastgeber haben uns wieder mit offenen Armen empfangen und ihren ganz persönlichen Teil zu unserem Abenteuer beigetragen. Danke Julia und Ed!

Ein großes Handtuch als Decke teilend, schaukeln wir im Nachtbus gen Melbourne und kommen frühmorgens dort an. Hier treffen wir uns wieder mit der Filmcrew. Vorher müssen wir aber unbedingt zum Friseur. Der Deal, wir bekommen die Haare umsonst geschnitten, dafür von der Auszubildenden. Manni entspannt sich auf dem Friseurstuhl so sehr, dass er einnickt und die arme Friseurin mit seinem Schnarchen etwas aus dem Konzept bringt. Das Resultat sieht trotzdem klasse aus. Ich habe Manni noch nie mit einer so modischen Frisur gesehen.

Ein Friseur tut gut

Mode und Haarschnitt sind generell für die Außenwirkung wichtig. Menschen können damit ihre Persönlichkeit ausdrücken, vielen ist es aber auch egal. Aber diese Äußerlichkeiten fließen ein in die Beurteilung durch andere, ob nun bewusst oder unbewusst. Wie wir aussehen, das ist auch eine Visitenkarte. Darum bestärke ich Manuel, darauf zu achten, seine Haare gut schneiden zu lassen. Ich sehe häufig Menschen mit Behinderungen, die im Alltag gelbe Warnwesten tragen. Dass dies im Straßenverkehr sicherer ist, steht außer Frage. Es wirkt aber auch auf Einige wie ein Stempel mit der Aufschrift – Behinderung – und so ist es auch oft mit der Kleidung und Frisuren. Das kann Stigmatisierung auslösen oder verstärken. Wobei das Problem ganz klar auf der Seite der Betrachter zu suchen ist.

Frisch frisiert trinken wir am Bahnhof in der Flinders Street einen Kaffee. Gerade als sich Manuel der Kellnerin mit seinem neuen Lieblingssatz vorstellen will, kracht es vor der Tür. Ein weißer Toyota ist gegenüber in ein parkendes Auto gefahren. Als der Fahrer zurücksetzen will, touchiert er zu allem Übel auch noch einen stehenden Streifenwagen. Manni kommentiert die Szenerie fasziniert.

„Wir müssen die Polizei rufen!“, und freut sich diebisch, als diese dann auch schon direkt zur Stelle ist. „Ha! Jetzt nehmen die ihn fest!“

Der Unfallfahrer scheint sich erklären zu wollen, wobei er in Tränen ausbricht. Jetzt schaut Manni nicht mehr so schadenfroh. Im Gegenteil, er beginnt in seinem Portemonnaie zu kramen. Bevor ich etwas sagen kann, macht er sich mit zwanzig Cent in der Hand auf den Weg zu dem Unglücksraben. Er will ihn trösten und streckt ihm die Münze mit einem aufmunternden Lächeln entgegen. Der scheint mit Manni und der gesamten Situation jedoch ziemlich überfordert zu sein und winkt nur ab. Trotzdem eine schöne Geste. Auch wenn Manuel oft zu Schadenfreude neigt, wenn es ernst wird, dann wird er ganz schnell empathisch, selbst bei völlig fremden Menschen.

Als es dämmert, ziehen wir weiter in einen Pub. Ich mag die gemütliche Stimmung, die Holzvertäfelung und den besonderen Charme dieser Kneipen. Man kommt schnell mit anderen Gästen ins Gespräch, hört spannende Geschichten oder spielt eine Runde Billard. Eine Gruppe Backpacker lädt uns zum Killerpool ein. Jeder hat fünf Leben. Manuel hat Anfängerglück, versenkt gleich die erste Kugel und schielt stolz zu mir rüber. Ich schlage mich anfangs noch ganz gut, fliege dann aber doch als Erster raus.

„Loser!“, ist Mannis hämischer Kommentar.

Gedankenspiel: Wer wäre Manuel ohne das Down-Syndrom?
Während ich den Rest des Spieles vom Tresen aus beobachte, werde ich nachdenklich. Wie wäre es, wenn Manuel kein Down-Syndrom hätte? Wir kommen beide aus Kiel und sind fast gleich alt. Wenn es die Umstände gewollt hätten, wäre wir vielleicht auf anderen Wegen Freunde geworden und hätten dann beschlossen, durch Australien zu reisen. Was wäre er wohl für ein Mensch ohne sein Down-Syndrom? Wie viel von seiner Persönlichkeit wäre dann anders? Oft versuche ich mir das vorzustellen und komme immer wieder zu dem Ergebnis, dass ich es mir nicht vorstellen kann.

Da ist sein Humor, der ihn so sehr ausmacht, unabhängig von der Behinderung. Kann oder sollte man das überhaupt versuchen zu trennen? Was sehen die meisten Menschen, wenn sie Manuel erleben? Auf den ersten Blick einen Menschen mit Down-Syndrom und ich fürchte, auf dem zweiten Blick auch. So war es jedenfalls bei mir. Es dauerte lange, bis sich dieser Blick änderte. Jetzt, in dieser intensiven Zeit, lerne ich ihn nochmal ganz anders kennen. In manchen Momenten vergesse ich sogar, dass er eine Behinderung hat.

Ein Jubelschrei reißt mich aus den Gedanken. Manni hat offenbar das Killerpool gewonnen und freut sich wie ein Schneekönig. Stolz präsentiert er mir sogar eine Urkunde plus Biergutschein über 50 Dollar. Dabei kann er sich nicht verkneifen zu betonen, wieviel besser er Billard spielt als ich. Wenn da mal nicht die Backpacker-Truppe nachgeholfen hat. Wir laden die vier, Globetrotter aus Indien, Singapore, England und Deutschland, zu einem Pitcher ein.

Kapitel 6

„Wann darf ich wieder Pommes essen?“

On the road again
Goin' places that I've never been
Seein' things that I may never see again
And I can't wait to get on the road again.

Willy Nelson

Cacatua galerita

Gelbhaubenkakadu

In aller Frühe lassen wir Melbourne und die vielen aufregenden Erlebnisse dort endgültig hinter uns. Unser Team ist wieder komplett, als wir die nächsten stundenlangen Etappen im Auto in Angriff nehmen. Westlich von Melbourne, noch im Bundesstaat Victoria, erreichen wir eine der schönsten Küstenstraßen der Welt: die Great Ocean Road. Ihr Asphaltband schlängelt sich auf 245 Kilometern am Südpazifik entlang, mal oben auf steilen Klippen, mal unten an sandigen Buchten. Hinter jeder Kurve eine neue Sightseeing-Sensation.

„Der Sonnenuntergang… hier sieht alles gelb aus. Gelbe Bäume, gelbe Sonne, gelber Himmel, es ist echt geil. Ich finde das richtig stark, ich freue mich so!"

Es ist schon später Nachmittag, als Manuel diese Sprachnachricht an einen Freund verschickt und wir noch immer auf der Straße sind. Der Sonnenuntergang, von der Steilwand reflektiert, taucht alles in ein warmes Licht und verleiht der Gegend etwas Friedvolles. Doch mitten in der Nachricht fängt Mannis Stimme an zu stocken und Tränen fließen ihm über die Wangen.

„Ich vermisse dich so!" hängt er noch an die Nachricht und lässt das Handy sinken.

Passiert jetzt das, was von Beginn an die große Sorge war? Hat er etwa Heimweh?

„Manni, was ist los?"

„Ich vermisse meine Freunde."

Ich nehme ihn in den Arm, seine Tränen kullern auf mein T-Shirt.

„Ich vermisse auch dich!"

Das verstehe ich nicht ganz, aber ich tröste ihn.

„Das ist ein Abenteuer, was ganz wenige Leute haben können

und alle sind ganz stolz auf dich, dass du das machst. Da wirst du dich dein Leben lang dran erinnern und wenn du zu Hause bist, kannst du all deinen Freunden erzählen, was du hier erlebt hast."

Er murmelt ein „Ja" wischt sich die Tränen aus dem Gesicht und schaut wieder aus dem Fenster. Manchmal stürzt zu viel auf ihn ein und selbst ein Sonnenuntergang überfordert ihn. Dann braucht er ein Ventil und ich bin froh, dass Manuel seine Emotionen so ehrlich zeigt. Bei ihm weiß ich immer, woran ich bin. Aber ob das alles hier zu viel für ihn oder auch mich wird, wird sich in den kommenden Wochen noch zeigen.

Am Ende dieses aussichtsreichen Tages erreichen wir unser neues Hostel. Ich mache mich noch schnell bei der Rezeption schlau, von wo aus wir morgen den Sonnenaufgang bei den zwölf Aposteln am besten beobachten können, bevor wir todmüde ins Bett fallen.

Viel Schlaf gibt es nicht. Die Nacht ist noch schwarz, als der Wecker uns früh um fünf Uhr aus den Federn bellt. Nur mit großer Mühe schaffe ich es, Manni aus dem Bett zu bewegen. Brummelnd schlüpft er in die Hose, zieht die Socken links rum an und macht von Kopf bis Fuß einen komplett derangierten Eindruck. Auf die Socken angesprochen grummelt er:

„Misch dich da jetzt nicht ein!"

Okay, die Zeit drängt und die Sonne macht für uns keine Ausnahme. Es ist aber schon mal ein Vorgeschmack darauf, wie der Tag weitergeht. Für Frühstück ist keine Zeit mehr, also ohne Mannis

heißgeliebten Kaffee ab ins Auto. Ein Fehler… Als wir vom Hof rollen, ist Manuel schon wieder im Tiefschlaf. Durch die kühle Morgenluft fahrend, freue mich auf die zwölf Apostel und darauf, mit Manni ein paar Erinnerungsfotos vor dieser einmaligen Kulisse zu schießen. Am Ziel angekommen, erweist sich dieser Plan als undurchführbar. Manuel macht dicht und will nicht aussteigen. Der Morgenmuffel hat keinen Bock. Zu kalt, zu früh, kein Frühstück. Und der Sonnenaufgang?

„Ich kann den Sonnenaufgang auch vom Auto sehen“, ätzt er zurück.

Da ist jetzt nichts zu machen. Vielleicht kommt er ja irgendwann nach, wenn ihm langweilig wird.

Alleine auf einem Felsenvorsprung stehend, blicke ich im Zwielicht auf die Silhouetten der zwölf Apostel. Strenggenommen sind nur noch acht übrig, denn der Ozean trägt jedes Jahr mehr von den Kalksteinformationen ab, bis sie eines Tages ganz verschwunden sein werden. Früher wurden die zwölf Apostel übrigens „Die Sau und ihre Schweinchen“ genannt. Gefällt mir viel besser! Da ist die Anzahl dann auch nicht mehr so wichtig.

Langsam, fast schüchtern, schiebt sich die Sonne über den Horizont und die Felsen beginnen in der Brandung zu leuchten. Der Himmel färbt sich von einem dunklen Blau über ein zartes Gelb bis hin zu einem tiefen Orange. Ich habe das Gefühl, der Himmel brennt. Mit Abstand der schönste Sonnenaufgang, den ich in meinem Leben gesehen habe. Und Manni? Verpasst das ganze Spekta-

kel. Erst als der Zauber längst verflogen ist, bequemt er sich dann doch zur Steilküste und ist mal wieder gänzlich unbeeindruckt. Da ist sie wieder, unsere Sicht auf die Dinge, die so verschieden ist und mein falscher Anspruch, genau zu wissen was sehenswert ist und diesen auf meinen Begleiter übertragen zu wollen.

Vorwurfsvoll fragt er mich, wann es denn nun Kaffee gibt. Rühreier mit Speck wären auch ganz schön. Ich sollte es besser wissen, doch in mir steigt der Frust hoch. Ich lasse mir nichts anmerken und will wenigstens noch ein paar Erinnerungsfotos von Manuel vor den Aposteln schießen. Gute Miene zum „bösen" Spiel? Nicht mit Manni. Auch das hätte ich besser wissen müssen. Nach ein paar halbherzigen Versuchen, bei denen Manuel ein Gesicht zieht, als ob er in eine Zitrone beißt, platzt mir der Kragen.

„Wenn du so eine Fresse ziehst, kann ich keine Bilder von dir machen!"

Entnervt stapfe ich davon und Manni trottet mir nach. Seit fast vier Wochen teilen wir jetzt Tisch und Bett. Stresst das Programm oder die Nähe? Bin ich unfair oder kann ich von Manni auch mal erwarten, dass er auf meine Bedürfnisse eingeht? Mit schlechter Laune und ohne Rühreier mit Speck steigen wir ins Auto und setzten unsere Fahrt fort. So richtig genießen können wir die schöne Tour nun nicht mehr. Wir fahren durch Wälder, bergauf, bergab, Serpentinen hinauf und wieder herunter. Regelmäßig säumen Schilder mit „DRIVE ON LEFT in Australia" die Route. Auf der kurvenreichen Küstenstraße verursachen Touristen, die Linksverkehr nicht gewohnt sind oder ihn hier für eine Sekunde vergessen, häufig Unfälle. Dabei sterben mehr Besucher in Australien als durch alle Haie und giftigen Tiere zusammen.

Ich gebe mir einen Ruck, um die Situation zu klären.

„Heute war ich ganz schön sauer auf dich."

„Neee, Julius bitte…“, versucht Manni abzuwinken, doch mir ist es ernst.

„Erst gestern haben wir darüber gesprochen, dass wir das zusammen machen und du dich auch mal zusammenreißt. Vorhin habe ich mich ja auch beherrscht, da hätte ich dir den Hals umdrehen können.“

„Ach das darfst du auch nicht machen!“, kontert er empört.

„Wenn du weiterreisen willst“, erwidere ich, „müssen wir das als Team machen, zu zweit.“ Manuel überlegt kurz und schaut mich ernst an.

„Julius, höre mir bitte zu, das ist wichtig: Wann kann ich wieder Pommes essen?“

Also alles wieder im Lot, oder doch nicht? Der kleine Streit hat gezeigt, dass die Nerven schon angespannter sind. Jetzt zur Halbzeit hinterlässt das ständige Beisammensein seine ersten Spuren, die anfängliche Leichtigkeit ist verflogen und ich hoffe, sie kommt wieder. Wir verlassen die Küste und fahren landeinwärts. Nach ein paar Stunden kommen wir in der Dunkelheit am Grampians-Nationalpark in Victoria an. Ausnahmsweise nächtigen wir nicht im Hostel, sondern in einem Ferienhaus. Erst am nächsten Morgen sehen wir, wie idyllisch wir wohnen. Aufgeweckt durch einen Schwarm Kakadus gehen wir auf die Veranda. Dort sitzen die frechen Papageien wie bestellt und wollen ein paar Nüsse abstauben.

Manni, mit seiner mittelschweren Vogelphobie, beobachtet das Schauspiel aus sicherer Entfernung und wirft sich eine gemusterte Decke als „Schutzmantel" um. Darin sieht er aus wie ein alter Peruaner. Auf mir sitzen vier Kakadus gleichzeitig und klauen mir das Essen aus den Händen. Fast so frech wie unsere Möwen in Kiel, aber schöner. Als die Vögel verschwunden sind, traut sich auch Manni aus seinem Versteck. Die morgendlichen Nebelschwaden stehen noch auf der großen wilden Wiese vor dem Haus. Dort grasen Seite an Seite Kängurus und Rehe.

Zu schön, um wahr zu sein – diesen Eindruck gewinne ich in Australien nicht nur einmal. Das Idyll verspricht mehr und wir unternehmen spontan eine Wanderung zum nahen Wasserfall. Manni ist mal wieder nicht begeistert von der körperlichen Ertüchtigung und der Regen passt zu seiner Stimmung. Als wir nach ein paar Stunden wieder zurück sind und uns mit einem deftigen Essen belohnen, ist er wieder bester Laune und sogar stolz, dass er trotz Schnappatmung bis auf die höchste Stelle des Wasserfalls geklettert ist.

Anschließend wollen wir auch den Kängurus etwas zum Fressen geben. Dafür habe ich extra am Vortag eine Packung Erdnüsse gekauft, die ich jetzt vergeblich suche. Natürlich verdächtige ich Manni, der stellt sich dumm. Erst als er merkt, dass ich es ernst meine, sucht er halbherzig in der Gegend rum, dreht sich von mir weg und zaubert die Erdnüsse aus seiner Tasche.

„Gefunden!“, ruft er stolz. Jetzt will der Schlingel auch noch Lob. Gemeinsam essen wir die halbe Packung alleine auf, Kängurus konnten wir eh keine mehr finden.

Zudem ist heute ein besonderer Tag. Manuels Schwester heiratet in Kiel und wir werden live dazu geschaltet. Nach vielen Glückwünschen und Bussis macht Manni das Tablet aus und ist für kurze Zeit traurig. Später erzählt er mir, dass es nicht Heimweh ist, sondern die Hochzeit. Er will auch mal heiraten und bekommt plötzlich Liebeskummer ohne eine Freundin in der Nähe oder auch nur in Sicht. Das Thema wird uns auf der Reise noch öfter beschäftigen.

Tags darauf verlassen wir die Berge. Es geht wieder gen Westen, nach Adelaide, wo unser Zug durch das echte Outback ins Herzen des Kontinents nach Alice Springs startet. Nach sieben Stunden Fahrt stehen wir vor einem Haus mit einer Art Zen-Garten als Vorhof. Die Adresse hatte ich von einer Reisebekanntschaft, die ich bei meiner Rucksackreise durch Ghana machte. Ich frühstückte damals mit einem alten Herrn, welcher mir versteckt hinter seiner Sonnenbrille und einem langen weißen Bart seine Reiseerlebnisse um die Welt schilderte. Als ich ihm von meinen Reiseplänen mit Manni und Australien erzählte, zückte er prompt sein Handy und gab mir diese Adresse.

„Wenn ihr das tatsächlich in die Tat umsetzt, müsst ihr meinen Bruder in Adelaide besuchen!“

Nun stehe ich hier mit Manni und Filmteam vor seiner Tür. Begrüßt werden wir aber von seiner Frau Shirin und einem blinden Beagle. Ihr Mann sei leider gerade in Simbabwe unterwegs. Offenbar eine gastfreundliche und reisefreudige Familie. Shirin Lim ist mit neun Jahren aus Singapur nach Australien gezogen und spielt im Orchester von Adelaide die erste Geige. Eine gebildete Frau, die es auch nicht davor scheut, vom australischen Smalltalk zu ernsteren Themen zu wechseln. Wir kommen auf die australischen Ureinwohner zu sprechen. Shirin bedauert, dass es nur eine theoretische Gleichberechtigung der Aborigines gibt, aber in der Praxis zu wenig geschieht.

Wir sollten uns aber selbst ein Bild machen, meint unsere Gastgeberin. Und genau das werden wir schon bald tun. Nach dem Essen bedanken wir uns für die gute Bewirtung und legen uns früh schlafen, denn morgen warten 1500 Kilometer Zugfahrt auf uns.

„Ich kann mir den Sonnenaufgang auch aus der Kabine anschauen“

I'm going off the rails on a crazy train

Crazy Train, Ozzy Osbourne

Camelus dromedarius

Dromedar

Nach tausenden Kilometern in der Luft und auf der Straße steigen Manni und ich in Adelaide in den Zug. Nicht irgendeinen, sondern eine australische Legende: The Ghan. Auf dem Weg von Adelaide bis ins tropische Darwin an der Nordküste macht der Ghan knapp 3000 km und durchquert vier Klimazonen sowie 33 Breitengrade.

Die Abteile füllen sich langsam mit Rentnern aus vielen Ländern, die sich diesen teuren Trip durch das australische Outback leisten können. Als es losgeht, halten wir schon nach einer halben Minute. Der Ghan ist so lang, dass seine beiden Hälften erst vor dem Bahnhof zusammengesetzt werden können. Ein Zug der Superlative.

Wir haben nur bis Alice Springs gebucht. Die Bahnreise in die heiße Mitte des Kontinents dauert 25 Stunden. Wir reisen in einer privaten Schlafkabine mit Bad, Dusche und Rufknopf fürs Personal.

Nach kurzem Gerangel, wer nun unten schlafen darf, setzt sich Manni durch. Sei's drum, ich freue mich über den Komfort der nächsten Stunden und blende aus, dass das hier nun gar nichts mit Backpacking zu tun hat. Wir räumen unseren Kram ein und lassen uns auf die Betten fallen. Es ist Nachmittag, die Sonne wirft durch die Jalousien ein Gittermuster in die Kabine. Ich habe mein Buch ausgepackt und Manni döst eine Etage unter mir vor sich hin. 17.44 Uhr. Der Zug setzt sich pünktlich in Bewegung, der nächste Meilenstein unserer Reise.

Im Speisewagen erwartet uns ein Drei-Gänge-Dinner. Ich muss-

te Manuel die Speisekarte gleich nach dem Einsteigen übersetzen. Er betritt mit einem breiten Grinsen den Speisewagen mit den vielen Tischen, weißen Tischdecken und einer Menge Besteck. Manuels Wahl fällt auf King Fish und Käsekuchen zum Nachtisch. Seine Müdigkeit ist schlagartig weg und er genießt die feine Küche. Ich schiebe meine Spinattaschen mit der Gabel hin und her, mein Blick verliert sich in der Weite. Wir haben die Stadt und die Vororte hinter uns gelassen. Wie das wohl wird, wenn wir dann tatsächlich im Outback ankommen?

Manuel hat mir zu verstehen gegeben, dass es ihn nicht sonderlich interessiere, die wilde Seite Australiens kennenzulernen. Er mag Menschen, Partys, gutes Essen. Auf all das wird er die nächste Zeit verzichten müssen. Ich hingegen kann es kaum erwarten. Schon als Kind habe ich mir das Outback vorgestellt! Wir wollen ein paar Tage in Alice Springs bleiben, um dann mit einem Geländebus für vier Tage der Zivilisation den Rücken zu kehren und das „wahre" Australien kennenzulernen. Viel Wandern, wenig Schlaf, wenig Komfort. Manuel wird wie immer das Tempo vorgeben. Ich hoffe, dass uns dieser Spagat gelingt.

Der Rückweg Richtung Kabine dauert, denn Manni bewegt sich im schaukelnden Zug, als sei er Astronaut in der ISS. Jeder Schritt wird mit einem Griff am Handgang gesichert und so kämpft er sich Abteil für Abteil nach vorne. Schließlich nehme ich ihn an die Hand und wir schwanken gemeinsam in unsere Kabine. Vor dem

Zubettgehen springt er noch unter die Dusche. Manni ist nicht nur beim Essen ein Genießer. Er liebt es auch, unendlich lange unter der Dusche zu stehen und sich berieseln zu lassen. Dabei führt er häufig Selbstgespräche oder singt.

So verarbeitet er die Erlebnisse des Tages. Dabei kichert er rum und klatscht in die Hände. Manchmal wiederholt er auch Ermahnungen oder meckert vor sich hin. Heute wird gesungen, er gibt Halleluja zum Besten und setzt nebenbei das kleine Bad unter Wasser. Also Handtücher raus und Schadensbegrenzung. Bis ihm die grandiose Idee kommt, aufwischen könne doch eigentlich das Personal. Ich halte ihn in letzter Sekunde davon ab, den Rufknopf zu drücken.

Die Sonne ist schon längst untergangen, wir liegen beide in unseren Betten und lassen uns vom Zug in den Schlaf schaukeln. Merkwürdiges Gefühl, in dieser Riesenschlange aus Stahl zu liegen, welche sich knarrend und quietschend, Stück für Stück durch die mondlose Nacht, in das Herz des Kontinents schlängelt.

5 Uhr 30, der Wecker klingelt. Pflichttermin für alle gewissenhaften Outback-Touristen: Sonnenaufgang mit Sektfrühstück! Ich habe wenig geschlafen, meine Lust auf diese Veranstaltung ist allenfalls mittelgroß. Aber es wird schöne Bilder für den Film geben, immerhin. Soweit denkt Manni nicht, seine Laune ist nach der abgebrochenen Nachtruhe im Keller.

„Julius, ich kann mir den Sonnenaufgang auch aus der Kabine ansehen!“, protestiert er gegen das Aufstehen und Anziehen.

„Aber hier drinnen gibt es kein Lagerfeuer, keine belegten Brötchen und keinen Kaffee“, halte ich ihm entgegen. Also trotten wir verschlafen mitten im Nirgendwo einen mit Fackeln beleuchteten Weg entlang zur Feuerstelle. Dort warten schon Dutzende hellwache und gut gelaunte Rentner.

Manuel kann ihre Euphorie nicht teilen. Er versteht nicht, was das alles hier soll. Wir hätten auch ausschlafen und im Zug frühstücken können. Er ist eben nicht der Typ für Sonnenauf- oder -untergänge. Das muss ich jetzt einfach mal einsehen. Nach zwei belegten Brötchen und einem Kaffee hält ihn nichts mehr in der dämmrigen Kälte. Er lässt sich noch überreden, mit einem Glas Sekt anzustoßen, bevor er wieder im Zug verschwindet.

Ich schlendere noch ein wenig die Gleise lang und schaue mir den roten Himmel und die rote Erde an. Das ist also das Outback. Surreal, es in diesem Setting das erste Mal bewusst zu sehen. Es will einfach nicht passen. Hier das abweisende schroffe Land und da die Reisegesellschaft, die es sich an dem schick angerichteten Buffet mitten in der Wüste gutgehen lässt. Eine Fahrt im Güterwagen erscheint mir da ehrlicher, aber da hätte Manuel endgültig gestreikt.

Schon am Vormittag beginnt die Sonne unsere Kabine aufzuheizen. Ich drehe die Klimaanlage auf und muss innerlich lachen über meine romantische Idee, im Güterwaggon durch Australien zu reisen. Draußen zieht wie in einer Dauerschleife monoton das immer gleiche Bild vorbei: rote Steine auf rotem Sand. Karge Büsche, ab und zu zeichnen sich große Felsmassive vor dem Horizont ab. Einmal erblicke ich ein mumifiziertes Dromedar zwischen den Sträuchern, danach wieder stundenlang: Nichts. Ich ziehe mir die Mütze tief in das Gesicht und verfalle durch das endlose *dadamm*, *dadamm* des Zuges in einen meditativen Dämmerzustand. Auf Manuel hat es die gleiche Wirkung. Er schaut wie ich in die Weite und fragt weder, wann wir denn endlich da sind, noch wann es wieder Essen gibt. So rollen wir schweigend Richtung Norden und nähern uns Stunde um Stunde dem Mittelpunkt des Kontinents. Viel Zeit zum Nachdenken.

Manuel: Seine Geschichte

Obwohl ich Manuel nun schon ganz gut kenne, wird unser Kontakt unterwegs intensiver als je zuvor. Wer ist dieser mutige junge Mann, der sich auf die große Reise wagt und mir dabei blind vertraut? Manuel ist wie ich ein Sommerkind und hat im Juni 1992 in Kiel das Licht der Welt erblickt. Seine Mutter war bei der Geburt 40 Jahre alt. Die Eltern haben sich trotz dieser sogenannten Risikoschwangerschaft gegen eine Pränataldiagnostik entschieden. Sie wollten gar nicht wissen, ob ihr ungeborenes Kind eine Behinderung haben könnte. Ihr christlicher Glaube hätte eine Abtreibung ohnehin ausgeschlossen.

Manni ist das vierte Kind. Ein Nachzügler, aber ein Wunschkind. Noch während der Schwangerschaft bemerkt die Mutter, dass etwas anders ist. Das ungeborene Kind bewegt sich anders als die drei älteren Geschwister. Die Diagnose nach der Geburt ist für die Eltern ein Schock: Down-Syndrom... Doch sie nehmen Manuel selbstverständlich in ihrer Mitte auf.

Bei der ersten Vorsorgeuntersuchung erklärt der damalige Arzt den konsternierten Eltern: »Das hätte ja nicht sein müssen!« Es ist der letzte Termin der Familie mit diesem Mediziner.

Manuels Kindheit wird von den üblichen Entwicklungsverzögerungen begleitet. Es dauert länger, bis er laufen kann und keine Windeln mehr braucht. Als Kleinkind bekommt er Frühförderung und Physiotherapie. Zum Glück hat er keine weiteren Begleiterkrankungen, die für das Down-Syndrom so typisch sind. So kommt etwa die Hälfte dieser Kinder mit einem Herzfehler zur Welt.

Nach dem Kindergarten kommt Manuel mit sechs Jahren in die Schule. Er ist eines von vier sogenannten I-Kindern. Diese Integrationskinder werden in einem Klassenverband mit Kindern ohne Behinderung unterrichtet. Gegen den Willen der Eltern muss er später in eine Klasse, die nur aus Kindern mit Behinderung besteht. Er sei zu anstrengend und in Regelklassen nicht beschulbar, heißt es.

Er lernt viele neue Freunde kennen, aber das Gelernte wird schnell vergessen. Als er mit 18 Jahren die Schule verlässt, hat er wenig gelernt. Er kann weder lesen noch schreiben. Danach durchläuft er in einer Einrichtung für Menschen mit Behinderungen die berufliche Bildung. Er lernt zwei Jahre die verschiedenen Arbeitsbereiche kennen, von der Auftragsfertigung bis zur Wäscherei. Am besten gefiel ihm natürlich die Kantine, in der er noch heute arbeitet.

Manuel leidet nicht am Down-Syndrom, sondern lebt damit und er lebt in vollen Zügen. Er ist überall dort, wo was los ist. Bei jeder Gelegenheit feuert er als glühender Fußballfan Holstein Kiel im Stadion an. Partys besucht er im Anzug, er ist gern der Mittelpunkt und hat eine Schwäche für schöne Frauen. Manuel singt, tanzt, lacht, weint und kann einem den letzten Nerv rauben. Er lebt für den Moment. Und ich glaube sogar: Er macht die Menschen um sich herum glücklich. Manuel genießt das Leben.

„Warum wollen die Frauen keinen Kaffee mit mir trinken?"

Millingalee kuberinya,
millingalee kuberinya
Bïnngandabee pambeeloonya
Mirrreewala pambeeloonya.

Traditionelles Lied der Aborigine-Mütter für ihre Söhne

Macropodidae

Känguru

Alice Springs…in thirty minutes!“ Die Lautsprecherdurchsage reißt mich aus meinen Gedanken. Stunden der Monotonie und der immer gleichen Landschaft haben mir das Zeitgefühl genommen. Ohne die üblichen Vorboten einer Stadt rollen wir in den Bahnhof dieses legendären Außenpostens der Zivilisation. Als wir aus dem Zug steigen, empfangen uns unmittelbar die berüchtigten Buschfliegen. Diese Biester sind hier eine wahre Plage, die gerne auf Ohren und Nasenöffnungen zielen. Manuel fuchtelt wild herum, um die Quälgeister zu vertreiben. Die Bewegung mit der flachen Hand hat es schon als „Aussie Salute“ in den australischen Sprachgebrauch geschafft. An der Bronzestatue zu Ehren der Kamelführer, die die Bahnstrecke mit gebaut haben, sammeln wir unser Gepäck ein. Als wir alles beisammenhaben, geht es mit dem Taxi zum Hostel. 24.000 Menschen wohnen in Alice Springs, aber es ist kaum jemand draußen unterwegs.

Haven prangt auf dem Torbogen, vor dem das Taxi hält. An der Rezeption bekommen wir mit dem Schlüssel auch gleich ein Asahi-Bier in die Hand gedrückt. Als erstes schmeißen wir zwei Waschmaschinen an, um unseren Berg an Schmutzwäsche zu waschen. Während wir unser neues Quartier auf uns wirken lassen, betreten eine Frau und ein Junge den schattigen Platz auf dem Vorhof, wahrscheinlich eine Mutter mit ihrem Sohn.

Barfuß, mit verfilztem Haar und in zerrissenen Kleidern steuern sie geradewegs auf den großen Aschenbecher vor dem Eingang zu und sammeln die ausgedrückten Zigarettenstummel ein. Als der Aschenbecher leer ist, verlassen die Aborigines wortlos den Hof, während sie mich mit ihren Blicken fixieren. Die Situation macht mich verlegen.

Ich, der fremde Besucher mit Sonnenbrille und Bier in der Hand.

Sie, die buchstäblich bettelarmen Ureinwohner, die sich den australischen Traum nicht erfüllen konnten.

Auch wenn ich vorgewarnt war: Die erste Begegnung mit den Aborigines hätte ich mir anders gewünscht.

Viel scheint hier im Moment nicht los zu sein. Unser Abendbrot ist mal wieder: Pizza. Zu Fastfood gibt es in Alice Springs wenig Alternativen. Unser gebuchtes Doppelzimmer entpuppt sich als Zehnbettzimmer, aber ohne weitere Gäste und wir machen uns dementsprechend breit.

Am nächsten Morgen können wir mal wieder ausschlafen. Leider ändert das nichts an Manuels Laune. Ihm gefällt Alice Springs nicht und noch weniger die Aussicht, gleich 160 Kilometer zu einem noch verlasseneren Ort zu fahren, um mit Glück einen Aboriginal-Chor zu treffen. Das ist unser heutiges Tagesziel. Seit Tagen geht das schon so: Er hat oft schlechte Laune und lässt mich das spüren. Manni weiß mittlerweile genau, wie er mich aus der Reserve locken kann und ich reagiere bei Kleinigkeiten immer gereizter.

Ich habe unterschätzt, was auf dieser Reise auf mich als Manuels Begleiter zukommt. Vom allabendlichen Kampf ums Zähneputzen, über seine Klamotten, die ich ihm ständig hinterher räumen muss, bis hin zu seinen vermehrten kleinen Provokationen, die mich immer öfter auf die Palme bringen. Täglich Kompromisse zu finden, 24/7 Ansprechpartner, Problemlöser, Kummerkasten, Reiseführer, Freund, Aufpasser und Vieles mehr zu sein. Und das seit mittlerweile einem kompletten Monat ohne eine Minute Pause. Selbst nachts teilen wir uns meistens ein Bett.

Der Akku ist leer. Dass wir dabei noch auf Schritt und Tritt gefilmt werden, erhöht den Druck zusätzlich, den ich mir selbst mache.

Auf halben Weg zu unserem Ausflugsziel Hermannsburg löst Mannis Leidenschaft für Fast Food in einem Imbiss die nächste mittelschwere Krise aus. Nachdem Manni seine Pommes verputzt hat, setzt er die Coladose an, wirft seinen Kopf nach hinten und lässt die letzten Tropfen in seinem Mund verschwinden. Nun will er sich wie selbstverständlich noch eine Dose holen. Ich ziehe die Notbremse. Manuel wird mir zu frech und zu dick.
Zum ersten Mal hole ich mir Rückendeckung bei seiner Mutter. Ich rufe sie zuhause an. Sie sagt mir, dass es Cola nur zu ganz besonderen Anlässen gibt und Pommes auch nur ausnahmsweise. Damit konfrontiere ich jetzt Manuel.

„Manni, ich habe mit deiner Mutter gesprochen, es gibt jetzt erstmal keine Cola und Pommes mehr.“

Sein Gesicht entgleist und zeigt eine Mischung aus Wut, Unverständnis und Enttäuschung. Abrupt steht er auf, kündigt mir die Freundschaft und stürmt aus dem Lokal. Draußen gibt er Carsten spontan ein Interview.

„Julius hat meinen Eltern eine Nachricht geschickt, wegen Pommes und Cola. Das ist für mich…ja. Deswegen ist unsere Freundschaft vorbei!“

Anschließend kündigt er mir auch noch per Handy die Freundschaft, doppelt hält besser.

Es hat die letzten Tage viel gebrodelt, jetzt entlädt sich die Spannung. Unsere Nerven liegen einfach blank. Wir sind reisemüde. Ich habe diesmal keine Lust, auf Manni einzugehen und er bewegt sich auch kein Stück auf mich zu. Schweigend fahren wir den Rest der Strecke bis nach Hermannsburg.

Über Gewicht beim Down-Syndrom

Menschen mit Down-Syndrom haben öfters ein paar Pfunde zu viel und beim Thema Essen hängt der Haussegen dann manchmal ganz schön schief. Schon bei meiner Arbeit im Wohnheim war es oft Thema, wenn der Mettwurstaufstrich dicker war als die Brotscheibe darunter. Wurde dann beim zweiten Nachschlag interveniert, ging die Diskussion und das Kopfschütteln los. Es war nur eine Frage der Zeit, bis mich das Thema auch hier einholt. Das Übergewicht hat aber nachvollziehbare Gründe, die es einfacher machen es zu verstehen. Umso schwieriger ist ein Rezept dagegen.

Menschen mit Trisomie 21 haben einen verlangsamten Stoffwechsel, weshalb sie weniger essen müssen und langsamer Kalorien abbauen. Da hilft dann eigentlich nur Disziplin. Die fällt den meisten Menschen ohnehin schon schwer. Beim Down-Syndrom ist die direkte Bedürfnisbefriedigung aber auch noch verstärkt und das Sättigungsgefühl tritt nicht oder verspätet ein. Diese Kombination fördert natürlich das Naschen und übermäßige Essen. Für einen gesunden und ausgewogenen Lebensstil fehlt oft das Verständnis und es helfen dann nur klare Regeln.

Dort angekommen steht die Sonne im Zenit, die Hitze drückt, zig Fliegen versuchen in meinem Gesicht zu landen, ich habe Kopfschmerzen und sowieso viel zu wenig getrunken.

Vom Aborigine-Chor, den wir hier treffen sollen, fehlt jede Spur. Die Menschen hier haben ein anderes Zeitgefühl, sagt man, aber die Erkenntnis heitert mich nicht auf. Ich habe keine Lust mehr. Am liebsten wäre ich jetzt überall anders, nur nicht hier. Schweden wäre ganz schön.

Manuel sitzt neben mir auf der Friedhofsmauer. Gemeinsam blicken wir auf Grabsteine, die noch einige deutsche Namen aus der Siedlerzeit eingraviert haben. Ich spreche jetzt aus, was mir seit einigen Tagen durch den Kopf geht:

„Hast du überhaupt noch Bock auf das Ganze hier?“

Ich habe diese Frage hinausgezögert. Mannis Antwort könnte das abrupte Ende der ganzen Unternehmung bedeuten. Aber würde ich das überhaupt schlimm finden? Manuel, dessen Kopf nicht weniger Fliegen umkreisen, schaut mich an, ohne eine Antwort zu geben.

Dann rede ich mir eben den Frust von der Seele.

„Ich habe das Gefühl, dass ich dich nur noch hinter mir her schleife und alles, was ich dir zeige, was wir unternehmen, dich nicht interessiert“.

„Du willst immer nur deinen Kopf durchsetzen“.

„Wir haben so viel Arbeit in die Sache gesteckt und jetzt?“

„Ja, aber die Fliegen…“, antwortet Manuel leise.

Die Konfrontation überfordert ihn, das ist mir im Moment aber egal. Meine Verzweiflung versteht er sehr wohl. Ohne ein Wort zu sagen, dreht er sich zu mir, nimmt mich in den Arm und murmelt:

„Alles gut.“

Hätte Manuel in diesem Moment gesagt, dass er nach Hause will, hätte ich nicht mal versucht, ihn zum Bleiben zu überreden.

Ich hätte mir wohl gesagt: Das war wohl doch zu viel für ihn… kann man ja auch verstehen mit der Behinderung… ich habe ihn halt überschätzt. Aber wenn ich ehrlich mit mir bin, dann hätte ich aufgegeben, nicht er.

Manuel macht weiter. Wichtige Ansagen will er in letzter Zeit immer in die Kamera sprechen und die ist schnell organisiert.

„Ich will die Reise weitermachen."

„Urlaub machen, neu anfangen".

„Ich will Julius nicht ärgern und Stress machen."

Ein Manni, ein Wort! Gut, dass ich seine Ansagen nun auf Band habe.

Wir vertreiben uns weiter die Zeit in der ehemals deutschen Missionsstation. Hier und da steht ein verrostetes Autowrack und die 600-Seelen-Gemeinde hat tatsächlich einen Souvenirladen. An der Außentoilette werden wir wieder daran erinnert, dass die Gefahr der hiesigen Fauna doch real ist. Gerade wenn man eine Zeit lang hier ist, vergisst man das schnell mal. An der Außentür des Lokus ist ein Warnschild angebracht.

Bitte die Tür schließen!
Das Licht lockt Insekten an
Die Insekten locken Frösche an
Die Frösche locken Schlangen an.

Gut, dass es so ausführlich erklärt wird. Auf dem stillen Örtchen will man als letztes eine böse Überraschung erleben. Als die Sonne den Zenit schon längst verlassen hat, schlendert dann doch die erste ältere Dame zur Kirche und setzt sich auf eine kleine Mauer. Nach und nach gesellen sich die anderen Frauen dazu, bis der

Ntara Ladies Choir vollzählig ist. Während wir in der angenehm kühlen Kirche Platz nehmen, verteilt Pastor David die Liedtexte. Der Chor singt in seiner Stammessprache Arrernte.

Was wir hören, überrascht mich. Nach dem Warm-up entfaltet sich die Kraft der Lieder und der ganze Raum wird von den Stimmen der Sängerinnen erfüllt. Wir singen nicht mehr mit, sondern hören nur noch zu. Die Zeit scheint still zu stehen. Nach einer Weile ist das Konzert zu Ende. Der Chor möchte nun neue Lieder ohne Publikum einstudieren, Manni und ich werden höflich rausgebeten. Nachdenklich bleibe ich am Zaun vor der Kirche stehen und horche weiter.

Die Musik hat etwas in mir ausgelöst. Zwei Jahre zuvor hat sich ein Freund das Leben genommen. Ich war damals in Borneo und bin sofort nach Hause geflogen. Im Flugzeug habe ich immer wieder ein und denselben Song eines malaysischen Chors gehört. Deshalb haben diese Lieder jetzt so eine Wirkung auf mich. Während ich weiter an dem Zaun stehe und zuhöre, werden meine Augen glasig. Es kommt alles zusammen. Der Stress der letzten Woche, die Zweifel, diese Musik. Ein Ventil öffnet sich, die ersten Tränen kullern und ich lasse es zu. Manni bemerkt schnell, dass etwas nicht stimmt, fragt nach und tröstet mich.

„Das ist nun mal so."

„Meine Oma und Opa sind auch tot, aber die sind immer da."

„Die sind alle bei Gott jetzt."

„Alles gut."

In solchen Momenten ist es egal, wie hoch oder niedrig der IQ eines Menschen ist, das Menschliche zählt unabhängig von irgendeiner Behinderung. Wenn es ernst wird, ist er da. Manni macht Mut. Mit diesem Mut machen wir weiter.

Im *Desert Dwellers* decken wir uns für die Outbacktour ein. Ganz wichtig: Fliegennetze fürs Gesicht. Dazu warme Pullover, Kopflampen und Trinkrucksäcke. So ausgerüstet kann uns auf der mehrtägigen Tour fast nichts passieren. Trotzdem habe ich meine Bedenken. Ob Manni das so alles mitmacht? Die Outbacktour ist meine Idee. Hier habe ich meinen Kopf durchgesetzt und ich muss auch die Konsequenzen tragen. In Australien gewesen zu sein, ohne das Outback zu sehen, das wäre für mich wie ein Besuch in dem Alpen ohne mal auf einen Berg zu klettern. Bevor es morgen in die australische Wildnis geht, verabschieden wir uns von Jacob. Er muss zu einem neuen Dreh direkt weiter nach Russland. Mehr Kontrast geht nicht.

Der Wecker klingelt wieder viel zu früh. Gähnend stehen wir abmarschbereit vor unserem Hostel in der Kälte. Zwei Scheinwerfer erleuchten den Vorplatz, als aus der Dunkelheit ein großer Geländebus auftaucht. Gemeinsam mit anderen Tour-Teilnehmern nehmen wir Platz und schlafen in dem schaukelnden Gefährt erstmal wieder ein. Als die ersten Sonnenstrahlen durch das staubige Fenster fallen, liegt Alice Springs schon weit hinter uns, das „Red Centre“ kommt immer näher.

Stopp an einem einsamen Rastplatz. Während ich uns am Kiosk Snacks besorge, entdecke ich dann doch ein paar Bewohner. Hinter einem Gatter glotzen mich Dromedare an. Im 19. Jahrhundert brachten europäische Siedler sie als Lastentiere in das trockene Landesinnere. Heute befördern sie nur noch Touristen.

Für 10 Dollar darf man einmal um das Gelände reiten. Warum nicht? Manni ist mal wieder skeptisch. Für die großen Tiere hat er so wenig übrig wie für Kälber oder Sonnenaufgänge. Erst als uns drei junge Französinnen aus unserem Bus vormachen, wie es geht, ist er dabei.

Danach geht es wieder auf die staubige Piste. Während Manni mit seinem Cowboyhut erstaunlich geschickt die Buschfliegen bekämpft, singt Michael Jackson dazu irgendwie passend „Beat it“ im Radio. Als wir unseren Campingplatz erreichen, hat Manni ganze 13 Fliegen erledigt. Die Zelte sind bereits aufgebaut und der Grill schnell angeheizt. Während wir uns mit der Reisegruppe um das Lagerfeuer setzen, beschleichen mich Zweifel, ob das hier so richtiger Abenteuerurlaub ist, wie ich ihn mir vorgestellt habe und nicht doch eher *Glamping*: Soft Adventure für Touris.

Gut für Manni, schlecht für mich. Unsere Mitreisenden sind die drei erwähnten Französinnen und einige ältere Paare. Khaki-Hosen zu weißen Wanderschuhen, das Ganze mit einem stilvollen Anglerhut abgerundet. Unser Tourguide Rob ist Fahrer, Koch und Mädchen für alles. Ein echter Naturbursche. Den straffen Zeitplan stets im Auge, kümmert er sich um den reibungslosen Ablauf.

Die erste Nacht verbringen wir auf Feldbetten in Zweierzelten. Nach dem Frühstück mit Toast über dem Lagerfeuer und starkem Kaffee, heißt es packen und Rucksäcke verstauen. Unsere nächste Etappe führt zum Uluru. Die Wüste, die drei Viertel des Kontinents bedeckt, zieht Stunde um Stunde an den Fenstern vorbei. Staubige Ödnis bis zum Horizont – und doch leben hier seit knapp 50.000 Jahren Menschen. Während ich versuche, mir das vorzustellen, entdecken wir sie am Horizont, die landschaftliche Ikone Australiens. Schon von weitem erhebt sich der 350 Meter hohe Inselberg über der Wüste: Der Uluru. Ayers Rock haben ihn die Siedler getauft, doch heute heißt das spirituelle Zentrum dieser Gegend wie eh und je Uluru und spielt in der Traumzeit der Ureinwohner eine tragende Rolle.

Das versuche ich Manni zu erklären, nachdem wir in der Mittagshitze angekommen, sind. Der antwortet nur knapp:

„Jaja, weiß ich ja." Und flüchtet, die Fliegen aus seinem Gesicht wedelnd, in den Bus. Dinge vom Fenster aus zu beobachten ist eine von Mannis Stärken auf dieser Reise. Immerhin: Den drei Französinnen gelingt es mit ihrem Auftreten, seine Aufmerksamkeit auf sich ziehen, und nur ihretwegen kehrt er zur Gruppe zurück. Die jungen Frauen posieren vor dem Uluru und Manuel gesellt sich dazu.

„My name is Manuel!" Er stellt sich vor und verknallt sich auf einen Schlag in alle drei. Die Gruppe stößt auf den Augenblick an und Manni spricht den Toast dazu:

„Auf Australien und Frankreichs Ladies!"

Rob verteilt Äpfel. Wäre eine Gelegenheit, Manni ein paar Vitamine zukommen zu lassen. Meine Bemühungen, ihm das Obst schmackhaft zu machen, führen zu nichts. Erst als ich einer der Französinnen den Apfel mit der Bitte gebe, es mal zu versuchen, sagt er zu und bedankt sich mit einem Luftkuss. Aber nach einer Weile ist Manuel verschwunden.

Ich ahne, warum. Nach kurzer Suche finde ich ihn mit dem Sektglas in der Hand zwischen den anderen Reisebussen umherstreunen. Ich nehme ihn an die Hand und wir setzen uns abseits auf einen Stein. Manni hat Liebeskummer. Ich kenne das schon, so ist ihm öfter zumute. Er lernt eine Frau kennen, die ihm gefällt, merkt dann aber schnell, dass er an seine kommunikativen Grenzen stößt und die Herzdame nach anfänglichem Smalltalk kein weiteres Interesse hat. Ich verstehe, wie sehr ihn das frustriert. Die gutgemeinte Nettigkeit am Anfang missinterpretiert er leider oft als Flirten – und am Ende ist die Enttäuschung groß.

Erst bei unserer letzten Party in Deutschland war das Thema wieder hochgekommen.

„Warum sind die Frauen immer nett zu mir, aber wollen dann keinen Kaffee mit mir trinken?“

Mir fiel es da schwer, die richtigen Worte zu finden und ich meinte:

„Die sind nett zu dir, weil du ein toller Mensch bist, aber die meisten Frauen ohne Behinderung wollen keinen Mann mit Down-Syndrom. Du bist halt anders als die meisten aber nicht schlechter“

„Wir sind doch alle anders“, wirft er ein.

Da hat er einen Punkt. Und trotzdem ist das alles nicht so leicht. Zumal Manuel am liebsten eine Freundin ohne Behinderung hätte, die auch noch blendend aussehen soll. So kann er nur enttäuscht werden.

Manuel legt den Hut neben sich und seufzt.

„Ich weiß nicht, was ich machen soll mit der Lady.“

Hier kann nicht mehr als gut gemeinte Ratschläge geben.

Liebe und Erotik

Einen Partner oder eine Partnerin wünschen sich die meisten Menschen – auch wenn sie eine geistige Behinderung haben. Sexualität und Nähe ist ein Grundbedürfnis. Doch ist diese Form der Selbstbestimmung, der Selbstverwirklichung schwer und bleibt für viele leider ein unerfüllter Wunsch. Die Möglichkeiten, einen passenden Partner kennenzulernen, sind beschränkt. Auch stehen juristische Fragen im Raum. Ist der sexuelle Kontakt einvernehmlich? Die Frage der Verhütung: Kondom, Pille, Drei-Monats-Spritze, Sterilisation? Wie steht es um den Kinderwunsch? Was passiert, wenn die Frau schwanger wird? Ein großes Thema, das, wenn überhaupt, noch zu oft unter vorgehaltener Hand besprochen wird. Trotzdem gibt es in diesem Bereich auch positive Entwicklungen. Partnerbörsen für Menschen mit Behinderungen oder auch Sexualbegleitung zeigen, dass diesem wichtigen Thema mehr Raum gegeben wird.

Was ist Sexualbegleitung?

Zum Glück ist Manni ein Optimist. Nachdem ich ihn lange umarmt habe, setzt er seinen Hut auf, trinkt seinen Sekt aus und ist wieder der Alte.

Auf dem Weg zu unserem Nachtlager halten wir an Stellen, wo man gut Feuerholz sammeln kann. Dann brauchen wir abends nicht zu frieren. Manni packt mit an und zieht die dicksten Stöcke aus dem Gebüsch. Mal mehr, mal weniger erfolgreich. Immerhin sieht er dabei mit seinem Cowboyhut aus wie ein Mann der Wildnis. Nach getaner Arbeit ist der Anhänger bis oben hin voll mit bestens abgelagertem Brennholz. Wir übernachten heute nicht im Zelt, sondern direkt unter dem Sternenhimmel im Schlafsack. Die australische Spielart heißt *Swag* und ist besonders umständlich handzuhaben. Als das Lagerfeuer langsam ausbrennt, versuche ich – mit Kopflampe bewaffnet – Manni fachgerecht in einem solchen Schlafsack unterzubringen. Gelingt mir nur mittelgut. Ich will ihn schließen, aber Manni wehrt sich, will ihn auflassen.

„Julius…so soll das nicht sein, ich will Licht haben!“

„Wenn du ihn nicht richtig zumachst, wirst du heute Nacht frieren!" , ermahne ich ihn und stopfe noch einen Pulli in seinen Schlafsack.

Manni sieht aus wie eine Raupe im Kokon und protestiert weiter. „Ich hab keinen Bock mehr! Ich sag meiner Mama Bescheid!"

Am Ende ist es dann doch alles nicht so schlimm und wir finden einen Kompromiss. Ich lege noch einmal Holz für die Nacht nach und schlüpfe dann auch in meinen Schlafsack.

Über mir eröffnet sich das endlose, sternenklare Firmament. Abseits der Zivilisation und ohne Lichtverschmutzung zeigt sich die ganze Pracht des Nachthimmels. Anfänglich für eine Wolke gehalten, erkenne ich die Milchstraße und dann, das erste Mal in meinem Leben, sehe ich das Kreuz des Südens. Wenn man sich die australische Flagge genau ansieht, erkennt man es dort auch in den fünf Sternen.

Es wird eine kalte Nacht, kälter als die davor. Ich bin froh, dass ich Manni trotz seines Protests so dick eingepackt habe, frage mich aber trotzdem, ob schon mal ein Mensch in Australien erfroren ist. Am Morgen schäle ich mich aus dem Swag und schaue zuerst nach Manni. Als ich ihn wecken will, schaut er mich mit rot unterlaufenden Augen an.

„Julius… ich kann nicht einschlafen..."

Der Arme hat kein Auge zugetan, aber ist immerhin nicht erfroren. Während er sich zerknittert am Lagerfeuer die Hände aufwärmt, merke ich, dass sich die Powerbank und unsere Handys durch die Kälte entladen haben. Vielleicht war es doch zu viel des Guten, aber ich bin stolz auf ihn, dass er sich so wacker geschlagen hat. Vielleicht ist es sogar eine Premiere: Manuel, der erste Mensch mit Down-Syndrom, der im Outback unter freiem Himmel übernachtet hat. Gar nicht so abwegig.

Als wir das Frühstück machen, entdecke ich ein paar Schritte neben unserem Schlafplatz Spuren im roten Sand. Dingos, stellt unser Reiseleiter fachmännisch fest. Die müssen uns in der Nacht besucht und sich an den Resten unseres Abendbrots bedient haben. Manni erzähle ich lieber nichts davon.

Das straffe Programm nimmt keine Rücksicht auf verlorenen Schlaf. Wir rollen die Schlafsäcke zusammen und beginnen die nächste Etappe. Eine mehrstündige Wanderung durch den Kings Canyon. Auf dem Weg zum Bus bereite ich Manni schonend darauf vor.

„Wollen wir heute ein bisschen Spazierengehen?"

„Joar, neee, ja", ist seine müde Antwort.

Nach zwei Stunden Fahrt erreichen wir den Watarrka-Nationalpark. Herzstück ist der Kings Canyon, mit bis zu 100 Meter hohen Felswänden die größte Schlucht Australiens. Wir bekommen eine Instruktion und werden ermahnt, genug Wasser mitzunehmen. Nach den dicken Pullis zahlen sich jetzt die Trinkrucksäcke aus. In der Schlucht beginnt die lange und steile Wanderung bis zum Plateau. Die großen Felswände – mal rot, mal gelb oder auch weiß – beeindrucken nicht nur Manuel. Wir ziehen an Flussläufen und Wasserlöchern vorbei. Rob erklärt uns, dass sie in der Sprache der

Aborigines Billabongs heißen. Womit dann auch geklärt wäre, wo die bekannte Surfer-Marke ihren Namen abgekupfert hat.

Manuel hält am Anfang hervorragend mit, ohne sich zu beschweren. Vielleicht, weil er mittlerweile abgehärtet ist, oder aber einfach zu erschöpft zum Nörgeln. Irgendwann wird das Gelände dann aber schwieriger und wir werden von der Gruppe abgehängt. Hand in Hand klettern wir über Felsen und verdorrte Bäume. Dabei sehen wir sogar ein Felsenkänguru in den Klippen hüpfen. Irgendwann stoßen wir wieder zur Gruppe und erreichen tatsächlich das Plateau. Erschöpft setzen wir uns hin und lassen das Panorama auf uns wirken. Ich bin stolz auf meinen Begleiter und formuliere beinahe eine Laudatio:

„Manni, ich habe dich mal wieder unterschätzt! Erst verbringen wir die Nacht draußen und haben so gut wie keinen Schlaf und heute sind wir bis hoch zum Plateau gewandert. Manche meiner Freunde hätten schon längst aufgegeben, aber du machst das alles mit!“

Mit neuer Kraft treten wir den Rückweg an. Beschwingt aktiviert Manni seine letzten Reserven. Als wir dann an einem Wasserloch pausieren, lässt er es sich nicht nehmen, eine Runde zu planschen und ich bleibe dabei auch nicht trocken.

Auf der Weiterfahrt zu unserem nächsten und letzten Nachtlager bin ich immer noch verblüfft, wie gut er das alles gemeistert hat. Jene Tage, an denen Manuel an seine Grenzen kommt und diese überwindet, gehören zu den wertvollsten auf dieser Reise. Nach einem deftigen Essen und einem verdienten Bier am Lagerfeuer schlafen wir diesmal, trotz der Wüstenkälte, aber dafür im Zelt, wie die Murmeltiere.

Bevor wir das Outback verlassen, wollen wir seine dritte Dimension inspizieren. Kurz vor unserem Camp entdecke ich einen Helikopterlandeplatz. Ich denke, ein Rundflug über die Schlucht ist ein guter Abschluss unserer Wüstenexpedition. Manni sieht das mit gemischten Gefühlen und schaltet auf bockig um.

Diesmal hilft umgekehrte Psychologie.

„Ich werde dich nicht überreden, dass du da einsteigst.“

„Du kannst mir gerne von hier unten zuschauen.“

„Wenn du dich nicht traust, verstehe ich das natürlich.“

Das lässt er dann nicht auf sich sitzen. Manni geht mit mir in die Luft. Als der Pilot in die Maschine steigt, fragt Manuel ihn:

„Du kommst auch mit?“

Erst jetzt verstehe ich seine Skepsis: Er dachte tatsächlich, dass ich die Kiste fliegen werde. Carsten ist auch mit an Bord und kein großer Freund des Fliegens. Er traut den Dingern nicht wirklich und als er das letzte Mal in einem Hubschrauber saß, wurde er von einer Panzerfaust beschossen. Die Gefahr besteht hier zwar nicht, trotzdem durchlebt Manuel eine Achterbahn der Gefühle. Es ruckelt ordentlich, als wir abheben und das Camp unter uns immer kleiner wird. Eine Viertelstunde kreisen wir über der Gegend und sehen zum Abschluss das Outback in seiner ganzen schroffen

Schönheit aus der Vogelperspektive. In Gedanken bleibt Manni gefühlsmäßig über den Wolken, als wir schon längst wieder gelandet sind und schaut mich stolz an:

„Ich kann fliegen!“

Auf dem Weg zurück zum Camp schwenkt er seinen Hut und macht Luftsprünge. Der Pilot neben mir grinst mich an.

„Es ist das erste Mal, dass ich jemanden mit Down-Syndrom mitgenommen habe und es hat sich noch nie jemand so gefreut. So macht mein Job Spaß, heute ist ein guter Tag.“

Auf der Rückfahrt nach Alice Springs blicken wir auf vier gute Tage zurück. Es war anstrengend und herausfordernd, aber auch lehrreich und aufregend.

Fazit:
Anstrengungen werden belohnt. Ich unterschätze Manuel noch immer, er sich aber auch. Jeden Tag, den ich mit Manni verbringe, lerne ich mehr über ihn und über mich. Die Milchstraße ist wunderschön und Australien kann arschkalt sein.

„Das darfst du nicht meiner Mama verraten“

Makin' my connection as I enter the room
Everybody's chillin' as I set up the groove
Pumpin' up the volume with this brand
new beat
Everybody's dancin' and they 're
dancin' for me

Get this party started, Pink

Casuarius

Kasuar

Als der Bus wieder vor dem altbekannten Torbogen hält, freue ich mich schon fast auf die durchgelegenen Matratzen im *Haven*. Nach einer herrlich heißen Dusche gesellen wir uns zu einer Truppe neuer Gäste, die gerade mit der hauseigenen Schwarzkopf-Python spielen und sie mir prompt um den Hals hängen. Erst dic zweite Schlange, die ich im „Schlangenland" Australien sehe. Die hier ist mir deutlich lieber.

Es wird gerade gegrillt, Manni knüpft wieder blitzschnell Kontakte und organisiert uns ein kostenloses Abendessen frisch vom Grill. Es ist unsere letzte Nacht im *Haven* und im Outback. Unsere Crew verkleinert sich weiter. Mikhele fliegt zurück nach Hamburg, Carsten macht Heimaturlaub in Manila. In einer Woche sehen wir ihn in Brisbane wieder. Manuel und ich nehmen ein Flugzeug in den tropischen Norden.

Am nördlichsten Punkt unserer Reise angekommen ist wieder alles anders. Nach der trockenen Wüstenluft in den vergangenen Tagen klatscht uns hier in Cairns das tropische Klima wie ein nasses Handtuch ins Gesicht. Die Uhr muss auch erstmal 30 Minuten vorgestellt werden. Es erstaunt mich immer noch, wie groß dieses Land mit seinen drei Zeit- und sechs Klimazonen ist. Auf der Suche nach einem Hostel begegnet uns schon mittags eine Menge Partyvolk. So ähnlich muss es sich beim legendären *Spring Break* amerikanischer Studenten in Florida anfühlen.

Wir quartieren uns im Zentrum ein. Direkt nebenan liegt die Bar „The Crook". Heißt übersetzt Ganove. Da es schon dunkel wird, wollen wir es genauer wissen und uns im Crook einen Sundowner genehmigen. Ein aus einem Baumstamm geschnitztes Krokodil dient hier als Theke. Drei Kerle in ihren Vierzigern, die nicht gerade wie Touristen aussehen und dem Namen der Bar alle Ehre machen, wollen uns kennenlernen.

Buck und Terry stellen sich als Minenarbeiter vor, die hier ihren Lohn auf den Kopf hauen, bis es wieder zurück geht in die „Super Pit“, die größte Goldmine Australiens. Der Dritte im Bunde heißt Tama und ist – Maori. Er kam vor einigen Jahren hierher und kehrte nie wieder nach Neuseeland zurück. Bier fließt reichlich, die drei sind was gewöhnt. Manni, der die ganze Zeit an einem Alsterwasser nuckelt, fängt an sich zu langweilen und will ins Bett. Ist ja quasi nebenan.

Ich beschließe, dass mein Abend hier noch nicht vorbei ist. Als ich ihn ins Bett gebracht habe, „erlaubt“ er mir, dass ich noch eine Stunde aufbleiben darf. Wenn was ist, ruft er an. Als ich zurückkomme, trinken Buck, Terry und Tama weiter und ich halte gerade so mit. Als ich mit meiner MasterCard die nächste Runde bestelle, schnappt die Barfrau meine Karte und tippt auf das Hologramm, eine Weltkarte.

„Wundert es dich nicht, dass Australien auf der Karte fehlt?“ Dabei schielt sie mich geheimnisvoll an und sagt: „Die Runde geht auf mich, Honey“.

Sie hat Recht, Australien fehlt tatsächlich. Wasser auf die Mühlen gewisser *Flat Earther*, die behaupten, Australien existiere sowieso nicht. Laut dieser grotesken Theorie ist Australien eine spinnerte Erfindung der Briten. Die hätten ihre Gefangenen nie nach Australien verschifft, sondern unterwegs über Bord geworfen. Um die Verbrechen zu vertuschen, wurde dann mal eben ein kompletter Kontinent erfunden. Schwer vorzustellen, was sich einige Menschen so vorstellen können. Hier im Crook wirkt alles jedenfalls sehr real, wenn auch zunehmend verschwommener.

Nach drei Stunden verabschiede ich mich. Dabei bringt mir Tama noch den Hongi bei. Eine traditionelle Begrüßung, bei der man seine Nasenspitzen aneinanderdrückt und gleichzeitig tief einatmet. Das symbolisiert den ersten Lebensatem zwischen zwei sich begegnenden Menschen. Ich schaffe die zehn Meter ins Hostel gerade noch und falle mit Klamotten samt Stiefeln neben Manuel ins Bett.

Am Morgen kriege ich die Quittung dafür, dass Manni mal nicht auf mich aufgepasst hat. Die Kopfschmerzen stechen, und irgendjemand hat dreimal versucht, mich anzurufen. Habe ich etwas vergessen? Ja…tatsächlich. Vor zwei Stunden hätten wir in ein U-Boot steigen und mit ihm die Wunder des Great Barrier Reef unter Wasser bestaunen sollen. Wir waren auf diese Tour gebucht, auch so ein Arrangement unserer hilfsbereiten Freundin Julia. In einem sehr unangenehmen Telefonat entschuldige ich mich bei der Reiseagentur für unser „No show“...

Manni zeigt keinerlei Mitleid und setzt seine Prioritäten. Frühstück! In einem Kaufhaus suchen wir einen Bäcker und dann passiert es. Manuel ist verschwunden und mein Handy-Akku ist leer. Nach 15 Minuten werde ich langsam unruhig und ich gehe mit schwerem Kopf jede Etage des Kaufhauses ab. Erst nach einer dreiviertel Stunde finde ich ihn wieder. Er wartet geduldig in einer Schlange vor McDonald's. Darauf hätte ich früher kommen können…

Als ich ihn antippe, fühlt er sich ertappt und ist auch noch enttäuscht, dass ich sein Fast-Food-Frühstück im letzten Moment vereitle. Nach kurzem Murren und einer Mahlzeit ohne Pommes erkunden wir diese leicht durchgeknallte Freizeit-Metropole im fernen Norden des Bundesstaats Queensland. Ein bisschen Ballermann, etwas raues Piratenflair wie in Tortuga aus dem Blockbuster *Fluch der Karibik*. Jede Menge Muskeln, Bier und nackte Haut in schweißtreibender Hitze.

Cairns ist die Basis vieler Tauchschulen und das Tor zum Great Barrier Reef, wenn man es nicht gerade verpennt… Man sagt,

Australier kommen hierher, wenn sie nicht gefunden werden wollen. Manni hat das im Kaufhaus schon gut verinnerlicht. Leider gibt es in Cairns keine echten Pazifikstrände, nur eine künstliche Lagune. Zwischen Hippies, Bodybuildern und Strandschönheiten tummeln sich Backpacker, viele davon aus Deutschland. In unserem Hostel freunden wir uns schnell mit einer Gruppe an und beschließen für den nächsten Tag einen gemeinsamen Ausflug in den Daintree National Park. Wohlweislich verzichte ich Manni gegenüber auf das Wort „Wandern", so verzichtet er auf Einwände gegen unsere Exkursion.

Am nächsten Morgen holt uns ein Bus ab und chauffiert uns eine Stunde zum ältesten Regenwald der Welt. Auf der Fahrt tischt uns der Reiseleiter Horrorgeschichten über den Drop-Bear auf. Dieses bösartige fleischfressende Beuteltier, das dem Koala ähnlich sieht, nur mit großen spitzen Zähnen, soll im Daintree National Park sein Unwesen treiben. Der Drop-Bear lässt sich von den Bäumen auf seine Opfer fallen, um sie dann zu fressen. Laut Wikipedia kann man sich nur schützen, wenn man sich Vegemite hinter die Ohren schmiert, mit australischem Akzent spricht oder sich selbst bepinkelt.

Manni glaubt zum Glück kein Wort. Als wir aussteigen und loswandern wollen, werden wir prompt vor dem nächsten Tier gewarnt. Ein Schild am Wegesrand erklärt uns in Piktogrammen, wie wir uns zu verhalten haben, wenn wir einem Kasuar begegnen:

Renne nicht panisch davon!

Entferne dich langsam und drehe dich dabei nicht um!

Wenn der Kasuar dich attackiert, halte einen Rucksack oder etwas Stabiles vor dich!

Kasuare sind 1,70 große flugunfähige Vögel, die mit ihrer blauen Haut, den dicken Beinen mit Klauen und dem helmartigen Horn auf dem Kopf an Dinosaurier-Strauße erinnern. Sie führen die Liste der gefährlichsten Vögel der Welt an und diesmal ist es kein Touristenmärchen. Während unserer Wanderung bleiben wir aber glücklicherweise von dieser seltsamen Kreatur verschont.

Nicht aber vom tropischen Regen! Es prasselt fast die ganze Zeit und wir sind natürlich nicht ausgerüstet. Leicht fahrlässig, wenn man bedenkt, dass wir im REGENwald unterwegs sind. Selbst schuld! Manni, klitschenass, hält klaglos durch, bis wir am Ziel, einer knapp 100 Meter tiefen Schlucht ankommen. Die jungen Frauen in unserer Gruppe motivieren ihn, da darf er sich keine Blöße geben.

Auf dem Rückweg lernen wir Alina und Melissa aus Köln besser kennen. Die Krankenschwestern sind nach ihrer Ausbildung sofort nach Australien aufgebrochen und wollen so schnell nicht mehr zurück. Manuel freundet sich mit ihnen an und sie umgekehrt mit ihm. Aus der Sympathie zwischen den Dreien schlage ich spontan egoistisch Profit.

Ich möchte Fallschirmspringen. So was kann man in Cairns an jeder Ecke buchen. Dieses Abenteuer kann ich aber nur allein unternehmen, Manni darf nicht mit. Das haben seine Eltern von vornherein klargestellt. Manni zeigt mir den Vogel, als ich ihm von meinem, aus seiner Sicht selbstmörderischen, Plan erzähle. Zurück im

Hostel steht der Entschluss dann fest. Morgen springe ich über dem Meer ab! Während ich in der Luft bin, vertreibt er sich die Zeit mit Alina und Melissa.

Am nächsten Morgen im Bus drücke ich Melissa 50 australische Dollar in die Hand und wünsche den Dreien viel Spaß. Nach einer Stunde komme ich an der Haltestelle vor dem kleinen Flugplatz an. Ein komisches Gefühl, das erste Mal so ganz alleine zu seine. Beim Aussteigen drehe ich mich um und will auf Manuel warten. Wir haben uns schon so sehr aneinander gewöhnt, dass ich mich jetzt nicht mehr komplett fühle. Laurel ohne Hardy, Cheech ohne Chong, das passt doch auch nicht.

Ich warte in der runtergekommenen Flughafenbar, in der eine Oben-ohne-Bedienung die ersten Vormittagsbiere serviert. Nach und nach füllt sich die Bar mit weiteren Sprungwilligen. Wir bekommen eine kurze Einweisung und unsere „Träger" für den Tandemsprung zugewiesen. Nachdem wir das Rollfeld überquert haben, klettern wir in die blaue Propellermaschine. Es geht steil nach oben, bis wir die Wolkendecke durchbrechen und unter uns nur eine graue Suppe zu sehen ist. Als sich die Luke öffnet, schaue ich in dichten Nebel.

Nach einem kurzen Check robben wir sitzend nach vorne, bis die Beine aus dem Flugzeug baumeln.

Das laute Motorengeräusch wird durch das windige Rauschen in meinen Ohren abgelöst. 4.000 Meter unter mir liegt das Korallenmeer. Ich sehe nichts, bis wir die Wolkendecke – diesmal von der anderen Seite – mit 200 km/h durchbrochen haben. Nach einem kurzen Ruck und dem erleichternden Gefühl, dass der Packer seinen Job gut gemacht hat, herrscht absolute Stille. Die Endorphine schießen in den Kopf und formen die eben noch zusammengekniffenen Lippen zu einem breiten Grinsen. In großen Kurvenbewegungen schweben wir gen Boden und landen direkt am Strand. Zurück in der Bar will ich am liebsten gleich noch mal springen, doch mein Bus und Manni warten auf mich. Das Trio hat die Zeit genutzt, um in der Lagune zu baden, Eis zu essen und in der Sonne zu liegen. Ganz nach Mannis Geschmack. Der nächste Tag sieht ähnlich aus, fühlt sich schon fast nach Urlaub an.

Dafür hat es der Abend umso mehr in sich. Wir sitzen wieder mit der Dschungelgruppe an dem großen Tisch im Innenhof und spielen Karten. Manni ist ein UNO-Monster. Stundenlang habe ich mit ihm auf Zugfahrten UNO gespielt. Er war immer ein schlechter Verlierer und ein noch schlechterer Gewinner. Bittere Enttäuschung wechselte sich mit triumphaler Schadenfreude ab. Wenn er gewann, wusste es das ganze Zugabteil, wenn er verlor auch. Ich denke gerne daran zurück. Die Runde ist ausgelassen und jeder steuert etwas dazu bei. Am beliebtesten – weil am billigsten – ist hier Goon, das Backpackergesöff schlechthin. Dieser minderwertige Wein, der diese Bezeichnung eigentlich nicht verdient, wird in einem Vier-Liter-Karton inklusive Zapfhahn verkauft. Sein Inneres besteht aus einem kräftigen Plastikbeutel. Wenn der ausgetrunken ist, kann man ihn zu einem viereckigen Kissen aufblasen und darauf wunderbar seinen Rausch ausschlafen. Vor den unausweichlichen Kopfschmerzen am nächsten Tag schützt das aber nicht. Später am Abend ziehen wir weiter in das Nachtleben von Cairns.

Party mit Manni

Mit Manni zu feiern ist ein Erlebnis, beschränkte sich jedoch immer auf inklusive Partys. Das sind spezielle Abende für Menschen mit und ohne Behinderung. Leider besteht das Publikum meist nur aus Betreuern und deren Schützlingen. »Normalos« verirren sich selten auf diese Partys. In den populären Discos ist es dann genau anders herum. Wirkliche Inklusion ist in der Partywelt leider noch nicht angekommen.

An einen dieser Ausflüge kann ich mich besonders gut erinnern. Ich treffe mich abends mit Manni vor der Kieler Disco »Pumpe«. Dort erwartet er mich schon in feinsten Zwirn mit Sakko und Krawatte. Unten auf der Tanzfläche nimmt er direkt den DJ in Beschlag und redet so lange auf ihn ein, bis er endlich die Nebelmaschine anschmeißt. Jetzt kommt sein Moment! Er kniet sich – von aufsteigenden Nebelwolken umgeben – auf die Tanzfläche und spielt ein Luftgitarrensolo, dass Jimmy Hendrix die Spucke wegbleiben würde. Das bleibt nicht unbemerkt und so dauert es nicht lange, bis er eine Tanzpartnerin gefunden hat. Nach zwei Songs kommt er zu mir.

»Julius, kannst du mir meine Telefonnummer aufschreiben?«

Ich schreibe die Nummer auf einen Zettel und stecke sie ihm zu. Manuel verschwindet auf die Tanzfläche. Kurze Zeit später kommt er wieder zurück. Mittlerweile ist eine andere Frau aufgetaucht, die er offensichtlich noch netter findet. Es folgt dieselbe Frage, diesmal sage ich nein. Manni weiß sich aber zu helfen. Er marschiert schnurstracks auf Favoritin 1 zu und fordert seine Nummer wieder zurück. Nur um sie dann an Favoritin 2 direkt neben ihr zu übergeben. Das muss man sich erstmal trauen. Die jungen Frauen nehmen es mit Humor. Dass es jemals zu einem Telefonat gekommen ist, wage ich aber zu bezweifeln.

In Cairns flanieren wir über die Partymeile, bis wir vor dem Wollshed stehen bleiben. Auf dem Schild prangt ein Widderkopf, unter dem in großen Lettern Saloon-Bar steht. Das klingt nach Wild-West-Romantik, da gehen wir rein. Der Türsteher packt mich am Arm und sagt:

„Pass auf deinen Freund auf.“

Ich nicke, ohne so recht zu verstehen. Als wir dann den zweistöckigen verwinkelten Club betreten, merke ich schnell, was der bullige Typ meinte. Hier trifft alles zusammen, was Tortuga ausmacht. Die Luft ist stickig, es riecht nach Schweiß und Alkohol. Der Bass haut einem die Ohren weg und man muss bei jedem Wort schreien.

Manuel grinst mich an und streckt beide Daumen nach oben. Also rein ins Getümmel. Ich nehme Manni an die Hand und wir schieben uns an verschwitzten Körpern vorbei. Hier wird ein Bier verschüttet, dort kippt ein Hocker um. Das internationale Sprachgewirr erinnert an Babylon, der Rest an Sodom und Gomorra. Unsere Gruppe haben wir dann schnell verloren. Wir entdecken zwei freie Plätze und setzen uns an einen klebrigen Ecktisch zu einer Gruppe Engländerinnen. Die sind prächtiger Stimmung und fragen uns, ob wir auch gleich zum Contest gehen. Wir wissen von nichts, was für ein Wettbewerb? Es stellt sich schnell raus, dass auf der Bühne ein Wet-T-Shirt-Contest stattfindet. Uns bleibt aber auch nichts erspart. Es passt einfach zum Abend. Vor der Bühne erkennt uns der bullige Security-Mann wieder.

„Will dein Kumpel auf die Bühne und die Girls nassmachen?“

Ich überlege kurz. Mein erster Gedanke: Das kann ich ihm unmöglich erlauben. Aber warum eigentlich nicht? Wir sind zwei junge Menschen, die durch Australien reisen und alles ausprobieren. Der eine hat halt Down-Syndrom, na und? Soviel Selbstbestimmung wie möglich und so wenig Fremdbestimmung wie nötig. In knapp drei Wochen wird uns der Alltag eh wieder fest im Griff haben.

Ich überlasse die Entscheidung einfach Manni. Der steht ja gerne auf der Bühne und auch nicht das erste Mal. Er lässt es sich nicht zweimal sagen, klettert auf die Bühne und bekommt einen Drucksprüher in die Hand gedrückt. Eine Kandidatin nach der anderen duscht Manuel nun ab, eine Hamburgerin gewinnt am Ende den Gutschein über 100 australische Dollar. Rio de Janeiro macht den zweiten Platz. Manni bekommt für seine „Mitarbeit“ auch einen kleinen Gutschein vom Club spendiert, den er direkt in Cola umwandelt.

Durch die immer noch schwüle Nachtluft spazieren wir zurück in das Hostel. Ich bin sehr zufrieden mit dem Verlauf des schrägen Abends. Keiner hat Manni unfair oder respektlos behandelt. Auch die Betrunkenen haben keinen blöden Spruch gebracht oder sich diskriminierend verhalten.

Kann es sein, dass Berührungsängste auch von meiner Seite ausgehen? Dass Betreuer oder Angehörige die Leute unterschätzen, die sonst nicht mit Menschen mit Behinderungen zu tun haben? Natürlich reagieren die Leute unterschiedlich, aber Fürsorge sollte nicht in Angst umschlagen. Ich habe heute Abend jedenfalls viel für mich mitgenommen und mehr Vertrauen für die „Normalos“ gewonnen. Und Manni? Der meint nur: „Das darfst du nicht meiner Mama verraten.“

Am anderen Morgen herrscht im Hostel schon reges Treiben, aber wir drehen uns nochmal um. Die Nacht sitzt uns noch in den Knochen und wir gehen den Tag entspannt an. Trotzdem müssen wir mal wieder waschen, und es wird dringend Zeit für eine unangenehme Zwischenbilanz. Denn das eine oder andere Reiseutensil, mit dem Manni vor sechs Wochen loszog, ist definitiv verschwunden.

Was Manni unterwegs verloren hat:

1. Fleece-Pullover blau,
2. T-Shirt rot
3. eine Socke schwarz
4. Ladestation der elektrischen Zahnbürste
5. Hausschuhe (beide)
6. Badelatschen (beide)
7. Nackenkissen
8. Cowboyhut.

Wir schauen einander tief in die Augen und Manni sagt doch tatsächlich zu mir:

„Da kriegst du aber Ärger von Mama.“

So kommt es am Ende zwar nicht, aber sein Kommentar sagt viel über Mannis Sicht auf die Dinge aus. Leider hat sich nicht nur unser Reisegepäck reduziert, sondern auch unser Reisebudget. Buchhaltung ist nicht meine Stärke und nun muss ich feststellen, dass wir über unsere Verhältnisse gelebt haben. Der Gürtel muss definitiv enger geschnallt werden.

Erste Sparmaßnahme: Wir gehen weniger Essen und kochen stattdessen selbst. Von nun an nimmt Manni unsere Geldprobleme auch sehr ernst und hat gleich eine seiner großartigen Ideen:

„Wir müsse mehr Spenden sammeln!“

Es nützt nichts, ich fülle mit 1000 Euro aus meinen Ersparnissen unsere Reisekasse wieder auf. Jetzt haben wir erstmal wieder einen Puffer und können ruhiger schlafen. Zum Glück übernimmt die Produktionsfirma den morgigen Flug. Denn zur Wahrheit unserer

Australien-Expedition gehört auch, dass uns wegen der Arte-Dokumentation ein Teil unserer Reisekosten erstattet wird.

Am nächsten Mittag verabschieden wir uns von unseren Reisebekanntschaften. Melissa und Alina wollen das Farmleben kennenlernen. Auch ihr Reisebudget wird knapp und sie müssen sich was dazu verdienen. Wir packen unsere Sachen, kontrollieren alles zweimal, damit unsere Verluste sich nicht noch ausweiten. Byebye Cairns, and G'day Brisbane! Nach zwei Flugstunden und 1.390 Kilometern Luftlinie lugt zwischen den Wolken unser nächstes Etappenziel hervor.

Kapitel 10

„Wir brauchen Spenden, habt ihr Geld?“

Well I need a dollar, dollar a dollar is what I need (Hey hey)
And I said I need dollar dollar, a dollar is what I need
And if I share with you my story would you share your dollar with me

I need a Dollar, Aloe Blacc

Petaurus breviceps

Kurzkopfgleitbeutler

Welch ein Unterschied: Hier Cairns, der tropische Abenteuerspielplatz am Great Barrier Riff, dort Brisbane, unsere nächste Station, über tausend Kilometer südöstlich, an derselben Küste. Fühlt sich an wie die Rückkehr in die Zivilisation: glitzernde Wolkenkratzer, Museen, historische Architektur aus dem 19. Jahrhundert, das Parlament des Bundesstaats Queensland.

Natürlich lieben auch die 2,1 Millionen Einwohner und noch viel mehr Touristen die Reize der Gold Coast: Strände, Surfreviere, Nachtleben. Hier soll es sich entspannt und mit einem gewissen Maß Understatement leben lassen – so lese ich im Reiseführer. Als wir das Wahrzeichen, die Story Bridge, überqueren, breitet sich Brisbanes Skyline wie auf dem Präsentierteller aus.

Ich bin begeistert, Manni ist der Anblick herzlich egal. Für ihn sind alle großen Städte gleich. Er betrachtet sie durch seine subjektive Brille: Gibt es ein gutes Nahverkehrsnetz, dann muss er nicht so weit laufen. Spielte Geld keine Rolle, würde er ohnehin immer Taxi fahren. Straßenkünstler jeglicher Art findet Manuel großartig, für sie lässt er auch gerne mal eine Münze springen. Und Essen natürlich: Die kulinarischen Angebote müssen nicht ausgefeilt sein, aber bitte schnell verfügbar. Das reicht ihm schon. Unter diesen Gesichtspunkten hätten wir eigentlich gleich in Kiel bleiben können. Aber dann hätte er das wahrscheinlich größte Abenteuer seines Lebens verpasst.

Wir gehen an kleinen Cafés und Restaurants vorbei. Ungefähr so stelle ich mir San Francisco vor. Am Ende der steilen Upper Roma Street erreichen wir auf einem Hügel die Jugendherberge von Brisbane. Als wir unsere Sachen auf das Doppelbett schmeißen, weicht die Sonne schon der Abendkühle. Nach all den turbulenten Tagen mache ich mich lang und beginne zu lesen. Doch schon nach zwei Seiten tigert Manni provokativ hin und her:

„Mir ist langweilig..."

Ich sage nichts und lese weiter.

„Julius, ich habe Hunger…"

Manuel will nicht im Zimmer rumsitzen und ist voller Energie. Wortlos zieht er sich die Jacke an und ist drauf und dran, Brisbane auf eigene Faust zu erkunden. Na gut, also Buch zu und los. Wir lassen uns treiben, irgendwas passiert ja immer, denke ich mir. Rund um das Hostel treffen wir auf keine Leute, vereinzelt kreuzt ein Auto unseren Weg. Mir gefällt diese ruhige Stimmung, so ganz anders als noch vor ein paar Stunden.

Ein paar Straßen weiter stoßen wir auf ein Etablissement mit verräterisch roten Lichtern. Auf dem Werbeschild schießt eine leuchtende Rakete mit dem Schriftzug „Love and Rockets " in das All. Eine Frau im sexy Astronautenkostüm raucht vor dem Eingang. Das Bild passt mal so gar nicht zu der Gegend hier.

„Was ist das?", will Manni direkt wissen. Ich erkläre ihm so gelangweilt wie möglich, was eine Striptease-Bar ist und im selben Atemzug, dass wir da bestimmt nicht reingehen.

Manni denkt kurz nach und murmelt: „Ja, du hast recht…“, und nach einer kurzen Pause:

„Aber wir sind doch im Urlaub?“

Nichts zu machen, wir lassen die Astronautin und den Club „Love and Rockets“ links liegen und finden eine andere Straße, in der noch was los ist. Vor dem Lefty's bleiben wir stehen. Den Eingang zum Laden bewachen ein riesiger Bär und ein Pavian, beide zum Glück ausgestopft. An den Wänden hängen unzählige Jagdtrophäen, dekoriert mit BHs und Damenslips. Das rote Licht ist gedämpft und fällt auf schwere Ledersofas. Sind wir jetzt versehentlich doch noch in einer Striptease-Bar gelandet?

Nein, hier gibt es gleich Live-Musik. Für australische Verhältnisse ist um die Uhrzeit schon mächtig was los. Die Band auf der kleinen Bühne bereitet gerade ihren Auftritt vor. Als sie mit Rockabilly loslegt, ist die Tanzfläche blitzschnell voll. Manni und ich schauen uns die Show von einem der Ledersofas an. Plötzlich steht eine Frau, deren grauen Locken bis zur Hüfte reichen, breit grinsend vor uns. Sie will tanzen, nicht mit mir, sondern mit Manni. Der weiß nicht so recht, was er davon halten soll und schaut skeptisch zu mir rüber, lässt sich aber doch von der hochmotivierten Dame überreden.

Derweil werde ich zu einem Drink an den Nachbartisch eingeladen. Wieder keine Touristen, sondern waschechte Australier. Ich stoße mit der Gruppe an und spreche einen Toast auf Australien:

„Ihr habt so ein Glück! Australien ist das perfekte Gesamtpaket. Super Wetter, atemberaubende Natur und entspannte Leute. Und das alles mit westlichem Standard. Irgendwie schon fast unfair.“

Meine neuen Freunde revanchieren sich mit einer Lobrede auf Deutschland. Die Autos, die Straßen, das Sozialsystem! Das Land der Dichter und Denker und so weiter. Es ist verblüffend, schlägt mir doch in allen Ländern, die ich bisher bereist habe, eine ehrliche

Begeisterung für Deutschland entgegen. Hierzulande tun wir uns damit so schwer. Schade eigentlich.

Die Band ist eine Wucht und der Jailhouse Rock weckt jetzt auch in mir die Lust zu tanzen. Manni fühlt sich hier wie in seinem Wohnzimmer. Plötzlich setzt er auf der Tanzfläche zu einem seiner unvergleichlichen Luftgitarrensoli an und erregt mal wieder Aufmerksamkeit. Prompt steht sein graugelockter Fan hinter ihm und möchte Manni abermals in Beschlag nehmen. Der signalisiert mir gestenreich, dass er eigentlich gar keine Lust hat, noch mal mit ihr zu tanzen – und ich solle ihr bitte stellvertretend einen Korb geben.

Die Zeit vergeht wie im Flug, gegen Mitternacht müssen wir langsam mal los. Manni hat es sich auf einem der bequemen Ledersofas gemütlich gemacht und ist trotz der Lautstärke tatsächlich eingenickt. Soviel tanzen schafft selbst ihn. Als ich ihn antippe, beteuert er verschlafen:

„Ich bin gar nicht müde!“

Dann grinst er mich an und verschwindet auf die Tanzfläche. Jetzt will er auch noch Fangen spielen. Mit Pulli und Jacke unter dem Arm trotte ich hinterher. Vor der Bühne finde ich ihn dann tanzend in einer Gruppe wieder.

„Manni, im Ernst jetzt, wir müssen los, war ein langer Tag.“

Bevor ich ihm seine Jacke geben kann, treten plötzlich vier Leute zwischen mich und Manuel. Auch die Frau mit den grauen Locken ist dabei, die jetzt gar nicht mehr breit grinst und mir an den Kopf wirft:

„Du hast ihm hier gar nichts zu sagen, er kann für sich selbst bestimmen!“

Verblüfft schaue ich in die Runde. Die anderen nicken eifrig. Die Leute sind wirklich ärgerlich, sogar aggressiv. Sie ergreifen Partei für Manuel, ohne ihn gefragt zu haben. Offenbar sind sie der Meinung, ich würde ihn seiner erwachsenen Freiheit berauben.

„Wer bist du, dass du ihm sagen darfst, wann er nach Hause zu gehen hat?“

Manuel merkt, dass etwas nicht stimmt. Er stellt sich neben mich und nimmt demonstrativ meine Hand. Und ich merke, dass die Leute mich hier in eine Art Glaubensstreit ziehen wollen. Ich will jetzt raus aus dieser Nummer und sage:

„Ich bin sein Bruder und wir gehen jetzt heim!“

Diese Notlüge erfüllt ihren Zweck. Hand in Hand spazieren wir aus der Bar und lassen die Gruppe wortlos zurück. Ich grinse meinen „Bruder“ an. Manni hat nicht zum ersten Mal unter Beweis gestellt: Wenn es drauf ankommt, ist er an meiner Seite.

Das Gegenteil von „gut" ist „gut gemeint"

In der hier beschriebenen Situation war es richtig, dass ich für Manuel entscheide. Der Tag war verdammt lang und er kann oft nicht einschätzen, wann es Zeit wird zu gehen. Wenn er zu wenig schläft, hängt er am nächsten Tag immer in den Seilen. Zu streng war das nicht. Leute, die ihn kaum kennen, können das aber gar nicht beurteilen. Das musste ich auch erst lernen.

Als 14-Jähriger stand ich mal in einer Schlange vor dem Eisverkäufer. Eine Gruppe von Menschen mit Behinderungen wartete dort auch. Ich hatte bis dahin keinerlei Berührungspunkte zu solchen Menschen. Direkt vor mir stand ein Mann mit Down-Syndrom. Er dreht sich zu mir um, legt seinen Kopf zur Seite und sagte grinsend:

»Ich mag dich.«

Während ich noch überlegte: »Wie soll ich denn jetzt reagieren?«, hatte er mich schon fest in seiner Umarmung. Blitzschnell ist seine Betreuerin zur Stelle, zog ihn von mir weg und schimpfte mit dem armen Kerl. In dem Moment fand ich das zu hart. Mittlerweile weiß ich, dass es richtig war. Das nächste Mal könnte er auf jemanden treffen, der sich nicht so passiv verhält wie ich damals, sondern eher angegriffen fühlt. Und dann gibt es schnell mal ein blaues Auge. Wenn man einem Menschen seine Behinderung nicht auf den ersten Blick ansieht, passiert das noch schneller. Gerade junge Männer, leicht reizbar und mit reichlich Testosteron ausgestattet, schlagen da gerne mal über die Stränge und zu. Alles schon erlebt...

Mir fallen noch weitere Beispiele für »Gut gemeint« ein, vor denen ich warnen möchte: Rollstuhlfahrer ungefragt die

Rampe hochzuschieben, obwohl sie es selbst können und möchten, ist falsch. Einen Blinden ungefragt am Arm zu packen und über die Straße zu schieben, ist falsch. Es ist übergriffig. Menschen ohne Behinderungen sind oft überfordert, wenn sie in den Kontakt mit Menschen mit Behinderungen treten. Der erste spontane Gedanke ist: »Ich möchte helfen!« Das ist ja auch gut. Beim Dialog hapert es dann oft aus Verunsicherung. Der Rollstuhlfahrer seinerseits fühlt sich herabgestuft, wenn er ungebeten herumgeschoben oder bevormundet wird. Besser zuerst fragen und dann helfen. Und ganz wichtig: Ein Nein akzeptieren.

Wir haben den ganzen Tag, um uns Brisbane anzusehen. Planlos geht der Plan los!
Im Zentrum beobachten wir aus einem kleinen Café das Treiben um uns herum. Auffällig, überall sind Hunde. Vom kleinen Mischling bis zum stolzen Schäferhund flanieren Menschen mit ihren Vierbeinern an uns vorbei. Selbst vom Nebentisch gesellt sich ein dicker Labrador zu uns und erhofft sich ein kleines Stück vom Frühstück. Während Manuel dem Kaltschnäuzer die Ohren krault, erkundige ich mich, was es hier mit den ganzen Hunden auf sich hat.

„Heute ist eine große Spendenaktion für Assistenzhunde“, antwortet die Labrador-Besitzerin. „Die Ausbildung kostet viel Geld und wir wollen für die tolle Arbeit der Tiere werben.“

Eine gute Sache. Das Thema interessiert mich und wir unterhalten uns noch eine Weile, bis Manuel aufgegessen hat und drängelt, dass wir weitergehen. Ich schmeiße noch fünf Dollar in die Spendendose und gebe Manni für das Warten ein Eis aus. Mit dem in der Hand spazieren wir den Brisbane River weiter entlang. Und zum ersten Mal auf unserer Reise werden wir tatsächlich erkannt.

„Seid ihr nicht die beiden Jungs von Facebook, die quer durch Australien reisen?“

Mit einem langgezogenen „Jaaaaa!“ nickt Manuel die Frage ab.

Zwei blonde Backpacker aus Deutschland haben offenbar unsere Reisebilder entdeckt, die wir dort fleißig posten.

„Sehr cool, was ihr da durchzieht! Dürfen wir ein Selfie mit euch machen?“

Manni kramt schnell seine Sonnenbrille raus und ist einverstanden.

„Aber ohne Julius, der macht das Foto!“

Manchmal habe ich das Gefühl, Manni denkt, ich wolle ihm die Show stehlen. Er kann dann richtig eifersüchtig werden. Die Fotografenrolle ist mir in dieser Situation aber ganz recht und ich knipse emsig. Danach erzähle ich nicht ohne Stolz, was wir schon so alles erlebt, wen wir getroffen haben und wo wir überall waren. Die Jungs nicken beeindruckt. Nachdem ich meinen Monolog beendet habe und uns verabschieden will, fügt Manni humorlos zu:

„Wir haben kein Geld mehr. Wir brauchen Spenden, habt ihr Geld?“

Ein bisschen Recht hat er ja, aber die Schlusspointe hätte er sich sparen können. Ich erkläre den irritierten Backpackern, dass Manni im Hinblick auf unsere Finanzen übertreibt. Wir ziehen eilig weiter.

Brisbane ist bekannt für seine Museen, da müsste doch was dabei sein. Weil Manuel nicht so leicht zu begeistern ist, darf er sich eins aussuchen. Es wird das Naturkundemuseum. Ich hätte nicht anders entschieden.

Im Gegensatz zu unserem Drama im Aquarium von Melbourne ist Manuel diesmal geradezu Feuer und Flamme. Da ist etwa das Skelett eines riesigen Urzeit-Wombats und direkt daneben ein Muttaburrasaurus, eine nicht gerade kleine Dinosaurier-Art. Manni staunt nicht schlecht und fragt mich besorgt, ob die echt in Australien leben. Ich kann ihn beruhigen: Alle ausgestorben. Danach schauen wir uns urzeitliche Meeresungeheuer an und Manni versichert sich in regelmäßigen Abständen, ob die auch wirklich alle ausgestorben sind.

Eine Etage weiter oben gibt es einen Bereich, in dem Kinder mit Lupen und Pinzetten allerlei entdecken können. Der Forscher in Manni ist geweckt. Mit ernster Miene untersucht er eine Schlangenhaut unter dem Mikroskop, vergleicht Insekten mit der Lupe und sammelt verschiedenfarbige Steine zu einem Haufen zusammen. Die werden dann akribisch nach Farben sortiert und ebenfalls mit der Lupe untersucht. Hier zeigt sich wieder, wieviel Spaß Lernen machen kann, wenn man die Dinge außerhalb der trockenen Theorie auch anfassen kann, um sie zu (be)greifen. Das zu beobachten ist eine wahre Freude. Jedoch nicht für die Kinder, die hinter ihm in der Schlange warten, um auch mal dranzukommen. Irgendwann muss ich dann Manni in seinem Forschungseifer unterbrechen, bevor es die Eltern tun.

Die Sonne senkt sich am letzten Tag unsere Stippvisite in Brisbane, wir wollen noch nicht zurück ins Hostel. An jeder Ecke stehen Straßenmusiker oder Kleinkünstler. Von Orchestermusik angelockt landen wir in einem Park. Hier lassen wir den Tag ausklingen. Im Gras liegend lauschen wir der Musik von Verdi und dösen ein. Erst spät sind wir wieder zurück in der Jugendherberge, wo wir Carsten wiedersehen. Nun nehmen wir die letzte Etappe als Trio in Angriff. Morgen geht es mit dem Mietwagen weiter in das berühmt berüchtigte Nimbin.

„Ich denke halt nach, ob ein Downie eine Freundin hat“

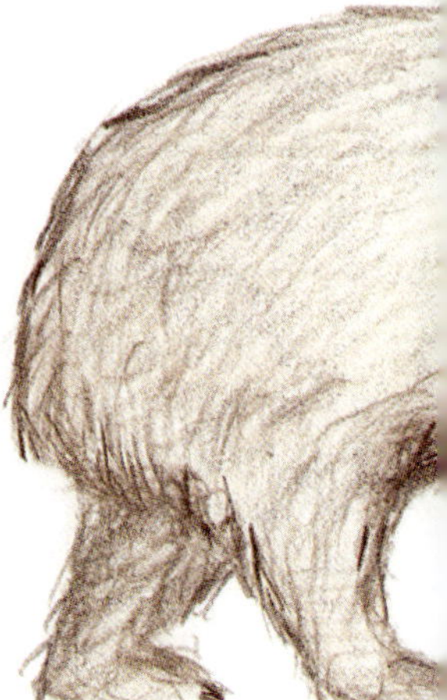

I don't know if it's a local thing
where I live,
Or if it's everywhere, and I'm checking it
with you because uh,
I don't get in the area that often and I'm
just checking to see if.
There's a new kind of a dog treat.

Dog treat, Tom Waits

Tachyglossidae

Ameisenigel

Je länger wir die Stadt hinter uns lassen, desto idyllischer wird die Landschaft. Auf der Landstraße schlängeln wir uns zwischen grünen Hügeln, dichten Wälder und kleinen Flüssen vorbei an Weiden mit Rindern und Schafen. Auch wenn die schöne Landschaft Grund genug wäre, ist sie nicht unser eigentliches Ziel. Ganz in der Nähe von Nimbin lebt Rhys mit seiner Mutter Susanne. Er hat wie Manuel das Down-Syndrom und betreibt sein eigenes kleines Business: Er backt und vertreibt vegane Hundeleckerlies. Klingt vielversprechend! Gemächlich kurven wir die Straßen entlang. Es sieht hier fast schon wieder zu kitschig aus, Australien halt. Wir erreichen das Tweed Valley. Es sieht aus wie das Auenland aus Herr der Ringe und es würde mich nicht wundern, wenn gleich ein Hobbit vor den Wagen springt.

Plötzlich sehen wir etwas auf der Straße und halten an. Kein Hobbit, ein Ameisenigel liegt tot auf dem Rücken, mitten auf der Straße. So ein Tier habe ich noch nie gesehen. Nicht so populär wie das Känguru oder der Koala, aber nicht weniger interessant. Genau wie die Schnabeltiere legen sie Eier, um das Junge anschließend in ihrem Beutel zu säugen. Sobald sich die Stacheln bilden, muss es aber ausziehen. Ein weiteres Tier in Australien, welches man sich so nicht einmal ausdenken könnte. Ich schiebe den waschbärgroßen Unglücksigel von der Straße und wir fahren weiter.

Diesmal zermürbt uns die Fahrt nicht so wie in den vergangenen Wochen. Schon nach knapp zwei Stunden erreichen wir das neue Ziel. Ein kleines Ferienhaus mitten im malerischen Tweed Valley. Einzige Nachbarn sind die Vermieter mit ihrem dreibeinigen Hund und einigen Hühnern. Hinter dem Haus liegt eine wilde Wiese von einem Bach umgrenzt, in dem sogar Schnabeltiere leben sollen. Dahinter gleich der dichte Wald. Hier kann man es aushalten.

Manni möchte ausnahmsweise mal früher ins Bett – aus einem ganz bestimmten Grund. Morgen früh will er fit sein, denn sein Lieblingsverein Holstein Kiel spielt. Seit Tagen liegt er mir damit schon in den Ohren, denn es geht um nichts Geringeres als den Aufstieg in die erste Liga.

Das erste und einzige Mal ist es Manni, der mich weckt und nicht umgekehrt. Und das noch vor dem Wecker. Den Anpfiff kann er kaum abwarten. Im Fantrikot mit Holsteinmütze sitzt er auf dem Sofa und klatscht aufgeregt in die Hände.

„Es ist das Relegationsspiel um den letzten freien Platz in der Fußball-Bundesliga." „Der VfL Wolfsburg spielt gegen den Club aus dem hohen Norden", dröhnt es aus dem kleinen Laptop.

Doch die Partie läuft nicht so, wie es Manni gerne hätte.

„Was machen die denn da? Abgeben! Mach doch was!"

Manni ist so aufgeregt, als ob er in der Fankurve ganz vorne steht. Doch das Anfeuern aus der Ferne hilft auch nicht.

„Unfair!"

Holstein Kiel verpasst den Aufstieg. Ich versuche ihn noch zu trösten, doch Manni ist bedient.

Kopfschüttelnd murmelt er: „Nee, unfair, kein Bock mehr!", und vergräbt sein Gesicht in den Händen.

Kein guter Start in den Tag und dabei haben wir gleich eine Verabredung. Ob das die Laune heben wird? Nach einigem Suchen finden wir den versteckten Eingang unserer Gastgeberin. Durch eine zugewucherte, steile Auffahrt wird man zu einem Haus inmitten eines wunderschönen Gartens geleitet. Hier wohnt Susanne mit ihrem Sohn Rhys. Eine Bekannte meiner Eltern hat den Kontakt hergestellt, und wir teilen mehrere verblüffende Gemeinsamkeiten. Susanne stammt auch aus Kiel und wanderte vor 28 Jahren nach

Australien aus. Ihr erster Sohn heißt Julius wie ich und ihr zweiter Sohn Rhys, der hat das Down-Syndrom.

Trotzdem läuft die Begrüßung ein wenig schleppend. Nur weil Manuel und Rhys gleich alt sind und ein Chromosom mehr haben, garantiert das noch lange keine gleiche Wellenlänge. Die beiden beschnuppern sich vorsichtig.

Die erste Frage die Manni unter den Nägeln brennt, zeigt wie sehr ihn dieses eine Thema noch immer beschäftigt:

„Ich will wissen, ob er eine Freundin hat."

Warum ihn das so brennend interessiert, frage ich zurück.

„Ich denke halt nach, ob ein Downie eine Freundin hat."

Rhys verneint und beide widmen sich dann lieber dem Kuchen. Doch wie hat man zusammen Spaß, wenn man sich fremd ist und noch nicht einmal die gleiche Sprache spricht? Am Abend haben die beiden einen Weg gefunden und der heißt Nintendo. Beim virtuellen Bowling räumen sie einen Strike nach dem anderem ab. Ich unterhalte mich derweil bei einem Tee mit Susanne. Wie zu erwarten kommen wir schnell auf das Thema Down-Syndrom. Sie findet, dass die Diskriminierung schon bei der Bezeichnung anfängt:

„Das Problem bei dem Wort Downie ist das englische Wort down. Wenn du von einem Downie redest, dann ist es jemand, der unten ist. Dann kannst du genauso gut sagen, dass er Gemüse ist. Die wenigsten Leute wissen, dass der Name Down-Syndrom von Jon Down kommt. Wenn es Up-Syndrom heißen würde, klänge das irgendwie besser."

Sprechen über Behinderungen

Worte und Sprache sind heiße Eisen. Nicht nur beim Thema Behinderung und natürlich muss man darauf achten, Menschen nicht zu beleidigen oder zu diskriminieren. Doch was darf man eigentlich sagen und wo kommen die Worte her?

Mongoloid oder Mongo, wie früher viele sagten, diskriminiert und beleidigt eindeutig. Jon Down hat die von ihm zuerst beschriebene Behinderung 1866 so genannt. Damals war es die gebräuchliche Sammelbezeichnung der Rassenkunde für Menschen aus Ost-, Zentral- und Südasien. Die schräg gestellten Augen und die flachen Nasenwurzeln bei Menschen mit Down-Syndrom erinnerten ihn an die Bewohner dieser Regionen. Heute gilt das als überholt und rassistisch. Später wurde die Bezeichnung dann von Down-Syndrom abgelöst, oft in der Kurzform Downie. Darf man das?

Kritiker sagen, Downie sei eine Verniedlichung und dadurch abwertend. Außerdem werde der Mensch auf seine Behinderung reduziert. Menschen, die den Begriff Downie verteidigen, verweisen darauf, dass es in vielen Bereichen Verniedlichungen und Abkürzungen gibt, die nicht verurteilen oder abwerten. Außerdem würden sich viele Menschen mit dieser Behinderung selbst so nennen. So wie Manuel übrigens auch. »Trisomie 21« ist aktuell die Bezeichnung, mit der man wohl am wenigsten falsch machen kann.

Ein kleiner Wegweiser durch das Labyrinth der politischen Korrektheit:

Mensch mit Behinderung kommt aus der »Person-first«-Sprache. Hier wird viel Wert daraufgelegt, dass der Mensch im Vordergrund steht und nicht auf seine Behinderung reduziert wird.

Behinderter Mensch kommt aus der »Identy-first«-Sprache. Die wird von Menschen genutzt, die ausdrücken möchten, dass ihre Behinderung Teil ihrer Identität ist und, dass man diese nicht von ihnen trennen kann.

Behinderter wird dagegen von den meisten Menschen als abwertend empfunden, da sie sich zu sehr auf die Behinderung reduziert fühlen. Einige haben aber auch mit diesem Wort kein Problem. Manche Menschen mit Behinderungen nennen sich beispielsweise auch bewusst »Cripple« (Krüppel). Sie beanspruchen also ein negativ geprägtes Wort für sich. Dies nennt man Reclaiming.

Jüngeren Ursprungs ist der Begriff **Menschen mit besonderen Bedürfnissen**, doch auch der hat schon Kritiker auf den Plan gerufen, die lieber von **Menschen mit besonderen Bedarfen** sprechen. Denn Bedürfnis und Bedarf bedeutet nicht dasselbe.

Die Liste ließe sich noch verlängern – und jeder hat dazu seine eigene Meinung. Leider wird in dieser Debatte aber zu oft über und nicht mit Menschen mit Behinderungen geredet. Grundsätzlich ist es wichtig, zu verstehen, dass es darauf ankommt, wer einen Begriff verwendet. Es ist ein Unterschied, ob eine Person mit oder ohne Behinderung darüber spricht.

Das gilt auch für Euphemismen wie **Handicap**.
Ich kann also auch keine klare Antwort auf diese sensible Frage geben. Persönlich benutze ich am häufigsten den Begriff »Menschen mit Behinderungen«. Aber wie gesagt, die Entscheidung ist individuell liegt bei den Betroffenen. Mit ihnen in den Dialog zu treten, hat übrigens auch noch nie geschadet.

Es ist schon spät und wir verabreden uns direkt für den nächsten Tag mit Susanne und Rhys. Zurück im Ferienhaus gibt Manuel noch ein kurzes Interview für die Kamera. Ganz nach dem Prinzip „Mit und nicht über" fragt ihn Carsten, was er eigentlich darüber denkt, dass er das Down-Syndrom hat. Manni hat es sich auf dem Bett bequem gemacht und antwortet:

„Ich will nicht mit Down-Syndrom sein. Das will ich nicht, aber ich kann das auch nicht ändern. Muss halt gehen. Das ist doof für mich das Down-Syndrom, aber das habe ich nicht entschieden. Meine Eltern haben mich so in Kiel geboren."

Abschließend sagt er noch:

„Das ist aber schon 'ne lange Weile her." Und lacht.

Ich erwähne dieses kurze Interview hier, da es eine Facette zeigt, die selten behandelt wird: Manuel selbst würde sich sein Leben manchmal anders wünschen. An manchen Tagen mehr, an anderen weniger. Bei all den Bildern in den sozialen Medien gewinnt man zuweilen den Eindruck, dass Menschen mit Down-Syndrom immer fröhlich sind – einige Posts suggerieren schon fast, dass diese Behinderung eine Art Segen sei. Natürlich sollen die Posts Mut machen, das Leben ist schon grau genug. Und jedes Kind sollte als Geschenk empfunden werden – mit und ohne Behinderung. Aber ich glaube, es kann auch diejenigen belasten, die mit der Herausforderung eines Kindes mit Down-Syndrom zu kämpfen haben und zuweilen überfordert sind. Jeder sollte auch sagen können, wenn es nicht cool oder super ist. Gerade wenn es von denen kommt, die eine Behinderung haben. Auch Eltern oder Angehörige sollten den Mut haben, nach außen zu zeigen, wenn sie überfordert sind und Hilfe brauchen. Alles andere würde der Herausforderung und dem, was Menschen mit Behinderungen, Eltern und Angehörige täglich leisten, nicht gerecht werden. Auch ich fühlte mich auf der Reise oft überfordert und wollte manchmal alles hinschmeißen. Klar kommuniziert habe ich das so nicht. Ich dachte, ich könnte das mit mir selbst ausmachen, und das war am Ende ganz schön belastend. Rückblickend hätte ich das früher und deutlicher ansprechen müssen. Diese Erfahrungen schmälern für mich keinesfalls dieses Abenteuer, das ich als großes Geschenk empfinde, sie gehören aber dazu.

Rhys will uns in Nimbin seine handgemachten „Super Dog treats" zeigen und wir dürfen gleich mit anpacken. Als wir ihn morgens abholen, wartet er bereits auf uns. Der Sozialarbeiter Rangi ist auch schon da. Die beiden treffen sich drei Mal wöchentlich. Heutiger Programmpunkt: Hundeleckerlies backen. Dafür fahren wir in Ragis Geländewagen nach Nimbin.

Das Gemeindehaus dient auch als Backstube. Hier betreibt Rhys sein eigenes kleines Business. Passend zum alternativen Lebensstil der Hippie-Gemeinde produziert er seine eigenen veganen Hundeleckerlies. Die Idee dazu hatte er selbst und auch das Logo hat er selbst entworfen. Das komplette Projekt liegt in seiner Hand und man merkt, wie stolz er darauf ist. Manni und Rhys verstehen sich auch immer besser und wir machen uns nützlich. Selbst als Manni erfährt, dass wir für unsere „Arbeit" kein Geld bekommen, bleibt er bei der Sache. Nachdem Rhys mit der Menge zufrieden ist, kommen die ausgestanzten Super Dog treats in den Ofen.

Für heute haben wir Feierabend und Zeit, Nimbin zu erkunden. Dem kleinen Ort eilt ein besonderer Ruf voraus. Bekannt wurde er durch ein Hippie-Festival 1973. Die Polizei nahm damals vier Besucher fest, deren Freilassung anschließend andere Blumenkinder in einem friedlichen Protestzug erwirkten. Seitdem wird Marihuana-Konsum in Nimbin mehr oder weniger geduldet, was einen regelrechten Weed-Tourismus auslöste.

Es ist nicht zu übersehen: Der Ort wirkt teilweise wie die Kulisse eines Kifferfilms. Bunte Zäune, Regenbogenfahnen und an jeder Ecke gibt es Läden, die wie Coffeeshops aussehen. „Happy High Herbs" ist nur einer davon. Einige Bewohner wirken passend dazu etwas durchgeknallt. Mir kommt ein älterer Mann mit langen grauen Dreadlocks und verfilztem Bart entgegen. Er beäugt mich durch seine Sonnenbrille:

„Ich war mal Superman. Hatte einen Fahrradunfall und dann war's das mit Supermann."

Ich nicke freundlich und Ex-Superman trottet barfuß weiter seiner Wege. Alles in allem etwas verrückt hier, aber sympathisch.

Auch den Mittwoch darauf verbringen wir in Nimbin, denn es ist Markt. Für die 400 Einwohner der Gemeinde ist es Ehrensache, hier einzukaufen. Lokale Produkte sind beliebt. Viele Leute sind Selbstversorger. Was übrig bleibt, wird auf dem Markt verkauft. Auch Rhys gehört mit seinem kleinen Stand zur Stammbesetzung. Heute versuchen Manuel und ich als Verkäufer seiner Hundeplätzchen unser Glück. Dafür haben wir extra T-Shirts mit dem Firmenlogo – einem Hund im Superman-Kostüm – angezogen. Die Menschen hier kennen Rhys und unterstützen ihn gerne, auch weil sie wissen, dass er über die Einnahmen frei verfügen kann. Und tatsächlich dauert es nicht lange und wir haben fast alles verkauft. Apfel-Ingwer steht besonders hoch im Kurs.

Manni kauft selbst die letzte Tüte für den Familienhund Oskar. Auch wenn er oft geschickt seine Defizite zu umschiffen weiß, zeigt sich hier seine Schwäche in Mathe. 4,50 Dollar sollen die Leckerlies kosten und ich frage ihn, ob er die mit seinem 20-Dollar-Schein oder dem Zehner oder dem Fünfer bezahlen will. Erst im dritten Anlauf entscheidet er sich für den kleinen Schein. Weil Manuel seinen Alltag oft so souverän meistert, vergesse ich manchmal, dass er gar nicht lesen und rechnen kann.

Nun sind wir ausverkauft. Ob das auch in Deutschland so gut klappen würde mit dem Verkauf handgemachter veganer Hundeleckerlies? Besser als die meisten stupiden Jobs auf dem Dritten Arbeitsmarkt für Menschen mit Behinderungen wäre eine solche Geschäftsidee allemal.

Als wir Feierabend machen, verabreden wir uns ein letztes Mal für den nächsten Tag, denn Rhys möchte uns noch etwas anderes zeigen, worauf er stolz ist. Am nächsten Vormittag treffen wir uns in dem 30 Kilometer entfernten Lismore wieder. Hier besucht er regelmäßig einen Tanzworkshop im integrativen Tanztheater „Sprung!" Am Eingang begrüßt uns Zag. Auch er hat das Down-Syndrom, trägt einen feschen Irokesenhaarschnitt und einen Supermannumhang. Er scheint der heimliche Star der Truppe zu sein. Manni wirkt anfangs reserviert. Ich habe den Eindruck, dass ihm der erste Kontakt mit Menschen ohne Behinderung manchmal leichter fällt. Bei den Aufwärm- und Tanzübungen taut er dann aber auf und ich komme mit Robin ins Gespräch.

Sie gründete das Theater 2012 und hat selbst eine tanzbegeisterte Tochter mit Down-Syndrom.

„Gestik und Tanzen sind die ersten Ausdrucksmittel, die Menschen lernen. Ich denke, dass Menschen mit Down-Syndrom in dieser Hinsicht unglaubliche Fähigkeiten haben. Wenn man mit Tanz arbeitet, überwindet man die kommunikativen Probleme."

Und sie fügt hinzu: „Ich weiß, dass heutzutage 90 bis 95% aller Schwangerschaften mit Down-Syndrom abgebrochen werden, und ich habe sogar gelesen, dass sie in Island schon fast so weit sind, das Down-Syndrom auszurotten. Für mich hat das was von einem Völkermord. Ich bin davon überzeugt, dass Menschen mit Down-Syndrom einige Fähigkeiten haben, die ein Geschenk für die Welt sind."

Neun von zehn

Die Begriffe Völkermord und Ausrotten würde ich so nicht benutzen. Aber die Zahlen, die Robin nennt, sind Realität und werden manche erschrecken. Bei den Chromosomenstörungen Trisomie 13 und 18 haben Kinder nach Einschätzung von Ärzten medizinisch keine Überlebenschance – anders als bei der Trisomie 21. Die Versorgung war noch nie so weit, die Lebenserwartung noch nie so hoch. Die Überlebenschancen sind besser als je zuvor – doch nur noch selten werden sie ihnen gewährt.

Die Entwicklung zeigt, dass der Anteil der Schwangerschaftsabbrüche aufgrund einer pränatal diagnostizierten Trisomie 21 steigt und nicht sinkt. Neun von zehn Menschen mit Down-Syndrom werden nicht geboren. Ein Grund dafür ist, dass sich schon während der Schwangerschaft immer besser erkennen lässt, ob es im Erbgut des Fötus Störungen gibt. Wo früher noch riskante Fruchtwasseruntersuchungen erforderlich waren, reicht heute ein einfacher Bluttest. Mittlerweile wird dieser auch unter bestimmten Bedingungen von der Krankenkasse bezahlt. Er kostet aber ohnehin nicht viel. Das macht Menschen mit dieser Behinderung in der Gesellschaft »vermeidbar«. Dies führt auch dazu, dass Eltern von Kindern mit Down-Syndrom unter steigenden Rechtfertigungsdruck geraten, so wie Manuels Eltern es von ihrem Kinderarzt hörten: »Das hätte ja nicht sein müssen!« Für viele Paare ist ein positives Testergebnis der Grund, das Kind abzutreiben – was per se nicht an dem Testergebnis liegt, sondern an unserer gesellschaftlichen Haltung, wie wir mit Behinderung umgehen, und jede Nation tut dies anders.

Wie andere Länder mit dem Down-Syndrom umgehen:
China: Bis auf wenige Ausnahmen werden Kinder mit Trisomie 21 nach der Geburt im Krankenhaus gelassen. Familien, die sich für das Kind entscheiden, sehen sich oft mit gesellschaftlichen und familiären Widerständen konfrontiert. Der Förderung der Kinder widmet der Staat kaum Aufmerksamkeit und medizinische Eingriffe, wie z.B. Herzoperationen müssen schwer erkämpft und privat bezahlt werden. Die Sterberate im Kindesalter ist entsprechend hoch. Die Zustände bezeichnen Fachleute als vergleichbar mit denen in Europa vor fünfzig Jahren.
Norwegen: In Norwegen gibt es ein großes und breit gefächertes Angebot an Hilfen und Einrichtungen für Menschen mit Behinderungen. Die meisten Menschen mit Down-Syndrom sind voll in die Gesellschaft integriert. Es gibt sogar Kritiker, die anmerken, dass durch die Dauerhilfen und das Überangebot die Selbständigkeit der Menschen mit Behinderungen in Teilen gehemmt würde.
Russland: Auch in Russland wird den Eltern eines Kindes mit Down-Syndrom geraten, das Neugeborene in ein Heim zu geben. Dort gibt es aber oft zu wenig Personal und unzureichende materielle Ausstattung. Durch Mangelernährung, unhygienische Zustände und wenig pädagogischen Zuwendung, lernen wenige Kinder das Laufen und Sprechen. Die meisten sterben schon im Kindesalter. Erwachsene mit Down-Syndrom werden meist in speziellen Heimen von der Gesellschaft isoliert.
USA: Die gesellschaftliche Haltung zum Down-Syndrom hat in den USA eine erstaunliche Entwicklung genommen. Zur Adoption freigegeben, galten sie früher noch als unvermit-

telbar. Heute hingegen gibt es lange Wartelisten. Kinder mit Down-Syndrom gehen meist auf öffentliche Regelschulen und Erwachsenen wird Arbeit in der Mitte der Gesellschaft ermöglicht.

Ich habe den Eindruck, dass die Gesellschaft immer mehr nach Perfektion strebt, auch bei den Kindern. Dabei bin ich davon überzeugt, dass Menschen mit Down-Syndrom selbst eine sehr gute Lebensqualität haben können. Aber mir ist klar, dass viele Eltern um ihre eigene Lebensqualität fürchten, wenn sie ein Kind mit Behinderung auf die Welt bringen. Ich möchte hier aber nicht den moralischen Zeigefinger erheben. Ob eine Schwangerschaft abgebrochen wird oder nicht, ist eine zutiefst persönliche Entscheidung. Diese darf jede/r für sich treffen, ohne dafür verurteilt zu werden. Mir ist es jedoch wichtig, dass Betroffene sich umfassend informieren und sich ihre Entscheidung sehr genau überlegen.

Robin hat es sich zur Lebensaufgabe gemacht, diese Fähigkeiten sichtbar zu machen und von dem Ergebnis werden wir am nächsten Abend mehr als überzeugt. Die Tanzgruppe begeistert mit einer bunten Choreografie und tanzt sich sichtlich die Seele aus dem Leib. Bei der Aufführung verwischen die Unterschiede zwischen den unterschiedlichen Künstlern. Es gibt keinen „Handicap-Bonus" – alle Akteure mit und ohne Behinderung liefern schlicht eine gute und professionelle Show.

Ich klatsche eifrig und komme mit meiner Sitznachbarin ins Gespräch. Nach anfänglichem Englisch merken wir schnell, dass wir Deutsche sind. Katrin kommt aus Hamburg und ist mit ihrer Familie nach Australien ausgewandert. Ihre Tochter hat das Down-Syndrom und ist Mitglied der Theatergruppe. Sie ist Schauspielerin, Tänzerin, spricht zwei Sprachen und spielt Cello. Nach der Aufführung lerne ich die junge Frau kurz kennen und bin sehr beeindruckt.

Alle Menschen mit Down-Syndrom sind...
Sie ist ein gutes Beispiel dafür, wie unterschiedlich das Down-Syndrom ausgeprägt sein kann. Manche lernen nie richtig Sprechen, doch einige wenige wie Paplo Pineta bringen es zu einem Hochschulabschluss. Die Verallgemeinerung »Alle Menschen mit Down-Syndrom sind…« greift hier mal wieder zu kurz. Abgesehen von der äußerlichen Erscheinung gibt es mehr Unterschiede als Gemeinsamkeiten. Ich habe Menschen mit Down-Syndrom kennengelernt, die ich direkt in mein Herz geschlossen habe. Mit anderen hingegen bin ich nie richtig warm geworden. Jeder Charakter ist individuell, wie bei uns allen.

Als es längst dunkel ist, fahren wir in das Ferienhaus und verbringen unsere letzte Nacht im Tweed Valley. Morgen geht es nach Bilinga und kurz vor dem Ende unserer großen Reise schwimmen wir das erste Mal im Meer.

Kapitel 12

„Schaffen wir es noch rechtzeitig zum Sport?“

When you see the Southern Cross
for the first time,
You understand now, why you
came this way.

Southern Cross, Crosby, Stills & Nash

Carcharodon carcharias

Weißer Hai

Auf der letzten Etappe gehen wir es ruhiger an und lassen das Erlebte sacken. Dafür eignet sich unsere neue Bleibe in Bilinga perfekt. Hier gibt es wenig Menschen, dafür viel Strand und den haben wir in den letzten zwei Monaten sträflich vernachlässigt. Als ich die Vorhänge unseres Airbnb-Quartiers öffne, bietet sich ein Bild wie aus dem Reisekatalog. Einen Steinwurf vor uns liegt der Pazifische Ozean, dessen Blau am Horizont mit dem Himmel verschwimmt. Ein Dorado der Wellenreiter, selbst der dreimalige Surfweltmeister Mick Fanning zählt mit seiner bescheidenen Villa zu unseren Nachbarn, aber die Saison ist fast vorbei.

Doch die Badehose bleibt im Rucksack, dafür ist es schon zu spät. Stattdessen wird heute eine Bildungslücke geschlossen. Carsten ist der Meinung, dass unsere Generation keine Helden mehr hat. Also schauen wir *Indiana Jones und Der letzte Kreuzzug*. Die folgenden Tage am Strand entschleunigen uns. Morgens frühstücken wir immer im selben kleinen Café, tagsüber liegen wir am Strand, springen ins kalte Wasser – Ende Mai bricht hier immerhin bald der Winter an.

Unsere Versuche, das Wellenreiten zu lernen, sind ein Schlag ins Wasser. Ich hoffe bloß, dass der Weltmeister Fanning unseren brotlosen Versuchen nicht von seinem Balkon aus zusieht. Gänsehaut bekomme ich nicht nur vom kalten Wasser. Oft wird Australien und Surfen in einem Atemzug mit dem großen weißen Hai genannt. Auch als ich unseren berühmten Surf-Nachbarn google, wird mir als erstes das YouTube-Video von seinem Haiangriff angezeigt.

Die Gefahr, von einer Kokosnuss erschlagen zu werden, ist zwar statistisch größer, aber die Phantasie spinnt sich da weniger dramatische Bilder zusammen. Damit wir wieder mit allen Gliedmaßen vom Board steigen können, hat man an unserem Strandabschnitt ein Hai-Netz gespannt. Mir suggeriert das aber keine Sicherheit, sondern im Gegenteil: dass die Gefahr sehr real ist. Dass währenddessen auch noch ein Hubschrauber über uns auf Hai-Patrouille hin und her fliegt, erschwert nicht nur das Interview am Strand, sondern erinnert auch akustisch an die unheimliche Gefahr aus der Tiefe. In diesem Jahr werden an Australiens Küsten 27 Haiangriffe gezählt werden. Zum Vergleich. Der Mensch tötet im Jahr ca. 100 Millionen Haie. Manni lassen diese Zahlen genauso kalt wie das kalte Wasser. Hauptsache es kommt nichts in die Ohren, da ist er pingelig.

Am Strand frage ich ihn:

„Bist du glücklich?"

„Ja."

„Wenn du unserer Reise eine Note geben würdest, welche wäre das?"

„Ich? Ich würde eins sagen, ich will eigentlich noch besser geben!"

Dann nimmt er mich in den Arm und sagt:

„Dass du das alles gemacht hast! Ich möchte noch mehr, mein Lieber!"

Manni könnte noch Monate so weiter machen. Keine Spur von Heimweh, im Gegenteil. Er fragt gar nicht mehr danach, wann und ob wir überhaupt nach Deutschland zurückfliegen. Sein Zeitgefühl ist anders, es kreist immer um den Augenblick.

Ich bin froh, dass er so denkt. Trotz unserer „Pommeskrise", der Zwangsdiät und der Nahtoderfahrung im Outback, will er hierbleiben und dem Abenteuer ins Gesicht lachen. Eigentlich stand auch Sydney noch auf unserem Reiseplan, aber das wurde uns dann wegen der knappen verbleibenden Zeit zu stressig. Ich für meinen Teil bin urlaubsreif. Schon seltsam, dass bald alles vorbei ist, aber wir haben in den letzten zwei Monaten mehr erlebt als manche in einem Jahr.

Mission completed!

Heldenreise

Manuels Heldenreise ist fast vorbei – und dieser Begriff passt sogar sehr gut.

Die klassische Heldenreise nach Campbell ist nämlich das Grundmuster von Mythologien und Sagen. Man findet es in allen großen Geschichten, unabhängig von Kultur und Jahrhundert. Von überlieferten Mythen der Naturvölker, über die Nibelungensage bis hin zu Star Wars ist ein ähnliches Muster erkennbar, welches alle Geschichten verbindet und dieses Muster finden wir auch bei unserer kleinen Heldenreise. Eine grobe Übersicht:

1. Ausgangspunkt ist die gewohnte Welt des Helden: Manni lebt in seiner gewohnten Welt in Kiel.

2. Der Held wird von einem Herold zum Abenteuer gerufen: Ich komme aus Asien wieder und frage, ob er noch immer mit mir auf große Reise gehen will.

3. Er tritt die Reise an und überschreitet die erste Schwelle, nach der es kein Zurück mehr gibt: Wir machen uns auf den Weg und landen auf der anderen Seite der Erde.

4. Er taucht immer tiefer in das Abenteuer ein, wird vor Bewährungsproben gestellt und durchlebt eine Krise: Wir reisen Wochen durch den Kontinent, kommen an unsere Grenzen. Manni kündigt mir die Freundschaft in der Pommeskrise und wir vertragen uns wieder.

5. Der Held erhält den Schatz oder die Erkenntnis: Manuel entwickelt sich weiter, wird reifer und selbständiger.

6. Er tritt den Rückweg in die gewohnte Welt an und wird zu Hause mit Anerkennung belohnt.

Es ist gut, dass wir kein Programm mehr haben und einfach auf den Punkt 6 unserer Heldenreise warten können. Einmal gehen wir noch ins Kino: *Han Solo*, auch so ein Held, den unsere Generation nicht genug zu schätzen weiß. In Brisbane geben wir unseren Mietwagen ab und verabschieden uns von Carsten. Und nun wird es wirklich Zeit, in unsere gewohnte Welt zurückzukehren.

Wir nehmen einen Inlandsflug nach Adelaide, wo alles begann. Wir checken wieder in das Glenelg Beach Hostel, in dasselbe Zimmer mit dem modrigen Teppichboden ein. Als wir in dem Raum stehen, fühlt es sich wie eine Zeitreise an. Vor zwei Monaten haben wir genau hier die erste Nacht in Australien verbracht. Wir hatten keinen blassen Schimmer, was uns erwartet. Jetzt im Rückblick fühle ich mich wie ein Veteran mit allen Wassern gewaschen.

Am Abend spaziere ich mit Manni an die Promenade. Er setzt sich auf eine Bank und schaut auf den Ozean, jetzt ist es der Indische. Ich gehe zum Strand und schlendere für mich allein barfuß die Wasserline entlang. Es ist ein sternenklarer Himmel und da schimmert es wieder, das Kreuz des Südens. Der Druck, welcher mich die ganze Reise über irgendwie begleitet hat, fällt von mir ab. Jetzt kann nichts mehr schiefgehen, wir haben diese Reise gemeistert. Ich lasse die letzten Wochen vor meinem inneren Auge vorbeiziehen.

Was hat die Reise mit uns gemacht?

Einzelne Momente, die besonders schön oder anstrengend waren, bleiben natürlich am stärksten in Erinnerung doch die Summe der ganzen kleinen Augenblicke, die wir geteilt und die intensive Zeit, die wir verbracht haben, ist am Ende das Prägende. Wir sind nach diesem Abenteuer keine neuen Menschen geworden und das ist auch gut so. Doch haben wir uns definitiv entwickelt. Manuel ist selbständiger geworden, er probiert Dinge nun zuerst selbst, bevor er sich Hilfe holt. Am Anfang ist er gerne den Weg des geringsten Widerstands gegangen. Er hat gelernt, dass manche Dinge auf einer Reise einfach gemacht werden müssen und da keiner ist, der sie ihm abnimmt. Das dauernde Kofferpacken zum Beispiel. Er hat Verantwortung übernommen, sich auf mich als seinen Reisepartner eingelassen und auch gelernt, Rücksicht zu nehmen. Manuel ist auf unserem gemeinsamen Weg gewachsen und reifer geworden.

Und ich? Durch Manuel habe ich gelernt, die Dinge aus einem anderen Blickwinkel zu sehen und nicht immer das Schlimmste zu befürchten. Einfach mehr Vertrauen zu haben, in andere und in mich. Ich bin ausgeglichener geworden. Manuel hat mir jeden Tag gezeigt, was es heißt, im Moment zu leben und, dass diese Haltung das Leben intensiver macht. Alles zehn Mal im Kopf durchzugehen und zu zerdenken, macht einen nicht glücklicher. Das hat Manni vorgelebt und war mir der beste Lehrer. Kindliche Freude ist ein Geschenk, das wir viel zu früh verlieren auf dem Weg zum Erwachsenwerden. Durch Manni habe ich diese unschuldige Begeisterung wiederentdeckt. Zu meiner ehrlichen Bilanz gehören aber auch die

Phasen, in denen ich mich überfordert und überanstrengt fühlte und die Momente, in denen ich am liebsten auf dem kürzesten Weg nach Hause gefahren wäre.

Trotz alledem: Ohne ihn hätte ich diese Reise, die Erfahrungen und wertvollen Momente nicht erleben können. Und auf die und uns bin ich stolz.

Ich werde immer sentimentaler, bis mein Handy klingelt:

„Julius, mach hinne da, wo bist du? Mir ist langweilig!"

Mannis Gespür für Timing ist wieder unschlagbar. Als wir zurück im Zimmer sind, fühlt sich alles wie das letzte Mal an. Das letzte Mal der Kampf mit Manni, dass das Zähneputzen sinnvoll ist. Das letzte Mal „Gute Nacht, Manni!" Das letzte Mal die Frage, was der morgige Tag wohl bringt. Das letzte Mal Doppelbett…

Am nächsten Morgen bin ich schon vor dem Wecker wach. Mit einem Kaffee in der Hand schaue ich Manni lange an, der noch eingerollt in der Decke liegt. Dann springe ich auf die Matratze und hüpfe auf dem Bett rum, bis er aufwacht.

„Guten Morgen Manni! Heute geht es nach Hause!"

Nach dem Frühstück in einem Café legen wir unser gesamtes Kleingeld plus ein paar Scheine in den Hut des verdutzten Obdachlosen neben dem Eingang und brechen auf zum Flughafen. Reibungsloser Check-in, Platz nehmen, anschnallen, der Schub drückt uns in die Sitze, der Druck in den Ohren, ein letzter Blick auf Australien hinab, bis der rote Kontinent dem Ozean weicht. Irgendwann in der Nacht überfliegen wir den Äquator. Manni studiert währenddessen das Filmangebot, nach reiflicher Überlegung entscheidet er sich wieder für Bigfoot Junior, vier Mal hintereinander…

Irgendwann fragt er mich:
„Julius, wann sind wir da?“
Ich schaue auf meine Uhr:
„Noch ein paar Stunden, am Mittag landen wir.“
Dann schaut Manni auf sein Handy und überlegt kurz:
„Mittags! Dann schaffen wir es ja noch rechtzeitig zum Sport!“

Epilog – Was danach geschah

Den Sport haben wir uns geschenkt, aber aus den Augen verloren haben Manuel und ich einander nach unserer Heimkehr natürlich nicht. Zurück in Kiel begann das aufregende Nachspiel unserer Heldenreise. Als der schleswig-holsteinische Landesbeauftragte für Menschen mit Behinderungen eine Laudatio bei unserer Willkommensfeier hielt, schwante mir allmählich, was wir mit unserer Reise ausgelöst hatten.

Ein paar Tage später bekamen wir Post aus dem Rathaus. Eine Einladung zur Eröffnung der Kieler Woche. Der Bundespräsident werde da sein und Menschen auszeichnen, die sich für Inklusion einsetzen. Ich freute mich, aber Manni sah das mal wieder etwas nüchterner.

„Julius, ich kann da nicht. Ich muss arbeiten!"

Müllsammeln auf dem Volksfestgelände. Da ist er jedes Jahr in der Kieler Woche aktiv und unglaublich stolz, Teil des Teams zu sein. Ich musste ihn regelrecht überreden, bis er sich bereiterklärte, Frank Walter Steinmeier zu treffen. Zwei Wochen später im Kieler Rathaus sprach der Bundespräsident über Inklusion und kam dann schnurstracks auf uns zu. Er beglückwünschte Manuel und mich zu unserer Reise, streckte uns seine Hand entgegen, aber Manuel war schneller und umarmte unser Staatsoberhaupt, wie es seine Art ist, mit Haut und Haaren. Die Sicherheitsleute wurden bei dieser Umklammerung nervös, doch Steinmeier selbst nahm es mit Humor und verriet uns, dass sein australisches Lieblingstier der Wombat sei. Im Gedächtnis blieb mir aber der Satz: „Inklusion ist keine Frage der Gesetzgebung, sondern eine Frage der Haltung."

Ein paar Monate später, im Herbst, war es dann endlich soweit: Vincent Productions präsentierte die Fernseh-Dokumentation unserer Reise in Berlin, wo sonst, als in der Australischen Botschaft? Die Botschafterin sprach ein paar Worte und auch Sandra Maischberger: „Wir machen viele Filme, aber wenige die eine solche Bedeutung haben und einem so zu Herzen gehen." Auf ihre Frage, welche Note Manuel dem Film geben würde antwortet er ohne zu zögern mit eins. Der Film hat ihm wirklich gefallen und ihn berührt – vielleicht ein bisschen zu sehr. Als er sich auf der Leinwand selbst weinen sah, liefen auch bei ihm direkt wieder die Tränen.

Kurz nach der Premiere in Berlin stand schon der nächste Termin auf dem Zettel, diesmal beim ZDF in Düsseldorf. Das TV-Format „Volle Kanne" hat uns eingeladen, um mit uns über die Reise zu reden.

So kam es dann, dass Manni und ich mit dem dritten Gast – David Garrett – im Frühstücksfernsehen saßen und Rede und Antwort standen.

Als der Fünfteiler dann ausgestrahlt wurde, erreichten mich viele schöne und auch berührende Nachrichten. Eine junge Frau aus Paris, deren Schwester das Down-Syndrom hat und nun auch eine Reise unternehmen möchte. Eltern von einem Kind mit Down-Syndrom, die sich ermutigt fühlen und es nicht abwarten können, bis es alt genug ist, um mit ihm zu verreisen. Mitarbeiter einer Einrichtung für Menschen mit Behinderungen, die jede Folge zusammen mit der ganzen Wohngruppe geschaut haben. Menschen die sich bedanken, dass wir auf das Down-Syndrom aufmerksam machen.

Sandra Maischberger erhielt 2020 den Medienpreis der Lebenshilfe für „Manuel Down Under". Wir nahmen ihn stellvertretend für sie entgegen und nun hat er einen Ehrenplatz in meinem Wohnzimmer.

Den Plan zu diesem Buch hatte ich schon länger – nun habe ich ihn tatsächlich in die Tat umgesetzt und durch die Dreharbeiten in Australien habe ich selbst Gefallen am Filmen gefunden. Mein neues Hobby: Mit Freunden soziale Beiträge für YouTube drehen, wir nennen das „Über Grenzen Sehen“. Und nach sage und schreibe zwölf Jahren habe ich dann auch endlich meinen Führerschein gemacht.

Und Manni? Ist eben Manni. Ein einzigartiger Dickkopf mit großem Herz. Er wohnt weiter bei seinen Eltern und hält dort und auf der Arbeit die Leute auf Trab. Die schönsten Szenen aus dem Buch werde ich ihm vorlesen. Wir haben nach wie vor viel Kontakt und ein Satz fällt da häufig in unseren Gesprächen.

„Julius, wann gehen wir wieder auf große Reise?“

Hier seht ihr einen kurzen
Zusammenschnitt der Doku.

Nun wo das Buch geschrieben ist, spüre ich das dringende Bedürfnis, mich bei allen, die mich unterwegs und danach unterstützt haben, zu bedanken.

Mein erster und größter Dank gilt natürlich Manuel. Manni, ohne dich wäre diese Reise, dieses Abenteuer nicht möglich gewesen! Du warst mutig, und du hast mir vertraut. Indem du einfach du bist, hast du mich und die Menschen inspiriert. Bleib so, wie du bist. Mein Dank gilt auch Manuels Eltern Gunter und Ingrid, die ihren Sohn mit mir ziehen ließen.

Dafür, dass unser Abenteuer in bewegten Bildern dokumentiert wurde und so viele Menschen erreichte, danke ich Carsten Stormer. Als Regisseur hast du unseren Plan von Anfang an so spannend gefunden, dass am Ende eine TV-Dokumentation daraus wurde. Dabei hattest du Unterstützung von Mikhele Apitzsch und Jacob Schlesinger. Ohne euch wäre es eine andere Reise gewesen. Danke!

Mein Dank gilt auch vincent productions, besonders Patrick Dresen und Nadja Frenz, Onno Ehlers und natürlich Sandra Maischberger. Sehr wichtig war auch Linde Dehner, die sich für die Veröffentlichung auf ARTE stark machte.

Ich bedanke mich bei Julia, Tanja und all den warmherzigen Gastgebern in Australien, die Manuel und mich auf unserem Weg unterstützt haben. Bei allen Freunden und Fremden, die Geld gespendet oder uns anderweitig unterstützt haben. Besonders bei dir Alex, du hast als Erster an die Idee geglaubt.

Ein herzliches Dankeschön auch an meinen Lektor Olaf Krohn, mit dem ich ein Jahr lang um die besten Worte gerungen habe. Der Austausch mit dir war lehrreich und hat Spaß gemacht.

Ich widme dieses Buch meiner Familie. Meinen Eltern Matthias und Angela, sowie meinen Schwestern Claudia und Sophia. Danke für alles!